RAYMOND A. MOODY JR.

LA VITA OLTRE LA VITA

Studi e rivelazioni sul fenomeno della sopravvivenza

Presentazione di Elisabeth Kubler-Ross
Traduzione di Anna Luisa Zazo

ARNOLDO MONDADORI EDITORE

Titolo originale dell'opera: *Life after Life*

8 edizioni Ingrandimenti
I edizione Oscar Arcana marzo 1984
I edizione Oscar Bestsellers saggi maggio 1992
I edizione Oscar Bestsellers marzo 1995
I edizione Oscar Nuovi Misteri febbraio 1997

ISBN 88-04-42687-X

Questo volume è stato stampato
presso Arnoldo Mondadori Editore S.p.A.
Stabilimento Nuova Stampa - Cles (TN)
Stampato in Italia – Printed in Italy

Ristampe:

2 3 4 5 6 7 8 9 10 11 12

1998 1999 2000 2001

Il nostro indirizzo internet è:
http://www.mondadori.com/libri

Nuovi Misteri

La vita oltre la vita

*Al dottor George Ritchie e,
per lui, all'Uno che egli mi ha
fatto intravedere*

Presentazione

Ho potuto leggere prima della pubblicazione La vita oltre la vita *di Raymond Moody, e sono lieta che questo giovane studioso abbia il coraggio di riunire i frutti delle sue ricerche e di renderli noti al pubblico.*

Poiché ormai da vent'anni mi occupo di pazienti affetti da malattie incurabili ho provato un interesse sempre più acuto per il fenomeno della morte. Sappiamo molto su come si giunge alla morte, ma sono numerosi i problemi insoluti che riguardano il momento del decesso e l'esperienza conosciuta da pazienti dichiarati clinicamente morti.

Una ricerca come quella presentata in questo libro dal dottor Moody chiarirà molte cose e confermerà quel che ci hanno insegnato da duemila anni: esiste una vita oltre la morte. Benché egli non affermi di avere studiato la morte in se stessa, dai frutti delle sue ricerche appare chiaro che il morente resta consapevole di quanto lo circonda anche dopo essere stato dichiarato clinicamente morto. Questo coincide con le mie personali ricerche, con le dichiarazioni di pazienti ritornati alla vita, dopo essere stati dichiarati clinicamente morti, con-

tro ogni nostra attesa o speranza e spesso con profondo stupore di medici assai noti, specialisti indiscutibilmente di vaglia.

I pazienti a cui mi riferisco hanno conosciuto una sensazione di abbandono del loro corpo, e un senso profondo di pace e di completezza. Molti avvertivano la presenza di qualcuno che li aiutava nel loro passaggio a un diverso piano di esistenza. Molti venivano accolti da persone care morte prima di loro o da una figura religiosa di particolare importanza nella loro vita e legata, naturalmente, alla loro religione. È per me illuminante leggere il libro di Raymond Moody nel momento in cui io stessa mi preparo a scrivere i frutti delle mie ricerche.

Il dottor Moody dovrà essere pronto ad affrontare molte critiche, che gli verranno soprattutto da due campi. Alcuni membri del clero non accetteranno l'idea che si osino fare ricerche in un'area considerata tabù. Già ci sono stati rappresentanti di una chiesa confessionale che hanno criticato studi di questo tipo. Uno di loro ha parlato di « vendere la salvezza a buon mercato ». Altri pensano semplicemente che il problema della vita oltre la morte debba restare nell'ambito della fede e non venir messo in discussione. L'altro campo dal quale il dottor Moody dovrà attendersi obiezioni è quello degli scienziati e dei medici che considerano « non scientifici » studi di questo genere.

Personalmente credo che la nostra società sia arrivata a un punto di transizione. Dobbiamo avere il coraggio di aprire nuove porte e di ammettere che gli strumenti scientifici di cui attualmente disponiamo sono insufficienti per molte nuove ricerche. Ora, questo libro può aprire nuove porte a chi non manchi di larghezza di vedute e può dare speranza, e il coraggio di vagliare nuovi campi di ricerca. Si comprenderà che la testimonianza delle ricerche del dottor Moody risponde a verità, poiché è dovuta a uno studioso sincero e onesto. È inoltre appoggiata dalle mie stesse ricerche e dalle scoperte di altri scienziati, studiosi e membri del clero, che hanno avuto il coraggio di indagare in questo campo nella speranza di aiutare quanti hanno bisogno di sapere, più che di credere.

Raccomando questo libro a chiunque abbia una mente aperta e mi rallegro con il dottor Moody per il coraggio che egli ha dimostrato pubblicando il frutto delle sue ricerche.

Elisabeth Kubler-Ross

Flossmoor, Illinois

Introduzione

Il mio libro è scritto da un essere umano e come tale riflette l'educazione, le opinioni e i pregiudizi dell'autore. Per questo, e benché io mi sia studiato di essere quanto più possibile chiaro e obiettivo, alcune notizie su di me potranno aiutare a valutare le straordinarie affermazioni che seguono.

Non sono mai stato prossimo alla morte, quindi non posso riferire esperienze personali. Né d'altro canto potrei pretendere a una totale obiettività, poiché ho provato spesso forti emozioni: l'ascolto delle sconvolgenti esperienze esposte nel mio libro ha finito per coinvolgermi, dandomi quasi la sensazione di averle vissute Mi auguro che questo non abbia compromesso il rigore logico e l'equilibrio con cui ho trattato l'argomento.

In secondo luogo, non conosco bene la vasta letteratura sui fenomeni occulti e paranormali. Non lo dico con un senso di disprezzo e ritengo al contrario che una conoscenza più approfondita mi avrebbe aiutato a comprendere meglio gli avvenimenti studiati. Ora mi propongo di studiare alcuni scritti sull'argomento per vedere fino a che punto le ricerche fatte da altri possano coincidere con le mie.

In terzo luogo, ritengo opportuno parlare della mia educazione religiosa. La mia famiglia frequentava la chiesa presbiteriana, ma i miei genitori non tentarono mai di imporre ai figli le loro convinzioni religiose. Cercarono piuttosto di sviluppare qualsiasi interesse personale si manifestasse in me e mi fornirono la possibilità di approfondirlo. La mia « religione » non è tanto un insieme di dottrine precise quanto un interesse per le dottrine, gli insegnamenti, i problemi religiosi e spirituali. Credo che tutte le grandi religioni umane contengano molte verità e che nessuno di noi conosca tutte le risposte alle profonde e fondamentali verità delle quali la religione si occupa. Sul piano pratico, sono membro della chiesa metodista.

Quanto ai miei studi e ai miei interessi professionali, penso vadano definiti di natura varia. Ho studiato filosofia all'università della Virginia e mi sono laureato nel 1969; in campo filosofico i miei interessi vanno particolarmente all'etica, alla logica e alla filosofia del linguaggio. Dopo avere insegnato filosofia per tre anni in un'università della North Carolina, decisi di studiare medicina e ora intendo diventare psichiatra e insegnare filosofia della medicina. Se ho parlato dei miei interessi e delle mie esperienze, è perché non possono non aver esercitato un influsso sul modo in cui ho affrontato e svolto l'argomento del mio libro.

Spero che questo possa attrarre l'attenzione del pubblico su un fenomeno assai diffuso ma assai poco noto, creando così una maggiore disponibilità ad accettarlo. Poiché sono profondamente convinto dell'importanza del fenomeno, non soltanto in campi come la psicologia, la psichiatria, la medicina, la filosofia, la teologia e l'esercizio del sacerdozio, ma anche nella nostra vita quotidiana.

Desidero dichiarare subito che non intendo, e ne spiegherò più avanti i motivi, provare l'esistenza di una vita oltre la morte. Né ritengo che una « prova » nel senso stretto del termine sia attualmente possibile. Anche per questo ho evitato di usare i veri nomi delle persone e ho mutato alcuni particolari che avrebbero potuto condurre a una identificazione, senza tuttavia mutare in nulla il contenuto. Mi è stato necessario non soltanto per un senso di rispetto verso la vita privata di quelli con i quali avevo parlato, ma in molti casi per ottenere il permesso di rendere pubbliche le loro esperienze.

Molti, ai quali le affermazioni contenute nel mio libro parranno incredibili, reagiranno negandole senza ulteriore riflessione. Non ho il diritto di biasimarli: soltanto alcuni anni fa io stesso avrei reagito così. Non chiedo che nessuno accetti il contenuto di questo libro sulla mia sola parola. Non solo, come studioso di logica che nega la validità dell'« ipse dixit », desidero espressamente che nessuno lo faccia. Chiedo soltanto a quanti non credono a quel che leggono di cercare da loro stessi. Più di una volta ho rivolto questa sfida. E, tra quanti l'hanno accolta, moltissimi, scettici all'inizio, hanno in seguito condiviso il mio stupore di fronte a tali fatti.

D'altro canto vi saranno molti che da queste pagine trarranno conforto, scoprendo di non essere i soli ad avere conosciuto tali esperienze. A costoro – e in particolar modo se, come accade spesso, hanno tenuto nascosta la loro esperienza rivelandola soltanto a pochi amici fidati – posso dire questo: mi auguro che il mio libro vi incoraggi a parlare con maggior libertà affinché un aspetto misterioso dell'anima umana venga messo maggiormente in luce.

I
Il fenomeno morte

Che cosa è la morte?

L'umanità si è posta sin dall'inizio questa domanda. E nel corso degli ultimi anni io ho avuto occasione di rivolgerla a pubblici ben definiti. Che andavano da classi di studenti di psicologia, filosofia e sociologia, a organizzazioni ecclesiali, a pubblici televisivi, a club, associazioni mediche. Sulla base di queste mie esperienze posso dire che l'argomento suscita reazioni profonde in individui assai diversi per caratteristiche emotive e modi di vita.

È tuttavia innegabile che per la gran maggioranza degli uomini parlare della morte è difficile. Lo è per almeno due ragioni. La prima, sostanzialmente psicologica e culturale: la morte è un argomento tabù. Abbiamo la sensazione, forse soltanto a livello inconscio, che venire in contatto con la morte, per quanto indirettamente, ci costringa ad affrontare la prospettiva della nostra morte, avvicini la nostra morte, ce la renda più reale e percepibile. Molti studenti di medicina, me compreso, sanno che anche il remoto incontro con la morte costituito dalla prima visita alle sale di anatomia può provocare un forte senso di disagio, disagio che a me appare chiarissimo: mi sono reso conto che non si trattava soltanto di un sentimento ispirato dalla persona di cui vedevo il cadavere, per quanto si trattasse anche di questo. Su quella tavola io vedevo il simbolo della mia mortalità; in qualche modo, e per quanto inconsciamente, devo aver pensato: « Capiterà anche a me ».

Solo parlare della morte può sembrare un modo per avvicinarla indirettamente. Senza dubbio molti pensano che sia come evocarla mentalmente, avvicinarla tanto da dover affrontare l'inevitabilità della propria morte futura. Per evitarci un trauma psicologico, cerchiamo dunque di evitare quanto più possibile l'argomento.

La seconda ragione è più complessa, poiché ha la sua radice nella natura stessa del linguaggio. Nella grande maggioranza dei casi, le parole del linguaggio umano si riferiscono a contenuti dei quali abbiamo esperienza attraverso i sensi. Ma la morte è di là dall'esperienza conscia di quasi tutti noi.

Se quindi vogliamo parlare della morte dobbiamo superare i tabù sociali e il radicato dilemma linguistico dovuto alla nostra inesperienza. E finiamo spesso per usare analogie eufemistiche. Paragoniamo la morte e il morire a cose più piacevoli di cui abbiamo esperienza.

Il paragone più comune è forse quello con il sonno. Morire, ci diciamo, è come addormentarsi. L'analogia è frequente nel linguaggio e nel pensiero comune quanto nella letteratura di età e culture diverse. Era comune anche al tempo degli antichi greci. Nell'*Iliade*, il sonno viene chiamato « fratello della morte », e Platone, nell'*Apologia di Socrate*, fa pronunciare le seguenti parole a Socrate, appena condannato a morte:

> [Se dunque la morte non è che un sonno senza sogni] deve trattarsi di un meraviglioso beneficio. Se infatti si chiedesse a chiunque di ricordare la notte nella quale dormì tanto profondamente da non avere sogni e di paragonarla alle altre notti e ai giorni della sua vita, e di dire infine, dopo avervi a lungo riflettuto, quante notti e quanti giorni migliori e più felici di quella notte egli abbia conosciuto nel corso della sua esistenza, ebbene, io credo che ... [ognuno] troverebbe che sono assai pochi quei giorni e quelle notti. Se la morte è questo, io chiamo un beneficio la morte, poiché tutto il tempo, se lo si considera così, non è che una sola notte.

L'analogia morte-sonno è radicata anche nel nostro linguaggio quotidiano. Pensiamo all'espressione « addormentare ».[1] Quando si porta il cane dal veterinario chiedendogli di « addormentarlo », non si dà all'espressione lo stesso significato che le si darebbe se si portasse la propria moglie o il proprio marito da un anestesista e gli si rivolgesse la stessa domanda. Altri preferiscono un'analogia diversa ma simile. Morire, dicono, è come dimenticare. Morendo, si dimenticano tutte le proprie pene; tutti i ricordi dolorosi o inquietanti cadono nell'oblio.

Tuttavia, per quanto antiche e diffuse, l'analogia morte-sonno e quella morte-oblio sono insufficienti a confortarci. Entrambe costituiscono due modi diversi

[1] Nell'originale, *put to sleep* (« mettere a dormire ») è espressione molto più usata dell'equivalente italiano « addormentare » nel senso di uccidere per evitare sofferenze (come nel caso di animali feriti, ai quali tuttavia non si chiede mai se preferiscano la morte a una vita di sofferenze). [*N.d.T.*]

di dire una stessa cosa. Entrambe ci dicono, sia pure in modo più accettabile e gradevole, che la morte è l'annullamento di ogni esperienza conscia, l'annullamento definitivo e irreversibile. Se è così, la morte non ha le caratteristiche desiderabili del sonno e dell'oblio. Il sonno è un'esperienza positiva, auspicabile, perché è seguita dal risveglio. Una notte di sonno rende più gradevoli e produttive le successive ore di risveglio. Se il risveglio non seguisse il sonno, i benefici del sonno non potrebbero esistere. Allo stesso modo, l'annullamento di ogni esperienza conscia implica l'oblio dei ricordi piacevoli, e non solo di quelli dolorosi. Ecco dunque che, ad analizzarle, le due analogie non possono darci conforto o speranza.

Vi è tuttavia un punto di vista contrario all'ipotesi che la morte sia l'annullamento di ogni consapevolezza. Una tradizione, forse più antica, afferma che una componente dell'essere umano sopravvive alla morte e alla distruzione del corpo, una componente alla quale sono stati dati molti nomi: psiche, anima, mente, spirito, ego, essere, consapevolezza. Quali che siano i nomi dati alla componente immortale dell'uomo, la nozione che con la morte fisica l'essere umano entra in un'altra dimensione dell'esistenza è tra le credenze umane più venerabili. Vi è in Turchia un cimitero usato dagli uomini di Neanderthal circa 100.000 anni fa. Là, impronte fossili hanno permesso di scoprire che i nostri progenitori seppellivano i morti in tombe fiorite, forse perché vedevano nella morte un'occasione di festa: il transito da questo mondo all'altro. D'altronde, tutte le più antiche sepolture in varie zone della terra costituiscono una prova della fede dell'uomo nella sopravvivenza oltre la morte.

Per concludere, ci troviamo di fronte due risposte contrastanti alla domanda sulla natura della morte, due risposte entrambe antiche, ma entrambe diffuse anche ai nostri giorni. Alcuni dicono che la morte è l'annullamento di ogni consapevolezza; altri affermano con pari fiducia che la morte è il passaggio dell'anima o della mente da questa a un'altra dimensione.

Il mio libro non intende respingere né l'una né l'altra risposta. Mi propongo soltanto di riferire i risultati di un'inchiesta che ho condotto di persona.

Negli anni recentemente trascorsi ho incontrato, dapprima per coincidenza, molte persone che hanno avuto un'esperienza che io chiamerò di « pre-morte ». Nel 1965, quando studiavo filosofia all'università, un professore di psichiatria della facoltà di medicina mi colpì per la sua gentilezza, il senso dell'umorismo, il calore umano. Fu per me una grande sorpresa apprendere che era clinicamente morto – non una, ma due volte, a circa dieci minuti di distanza – e aveva fornito una straordinaria descrizione di quanto gli era accaduto durante la sua « morte ». In seguito lo sentii narrare la propria storia a un piccolo e interessatissimo gruppo di studenti. Ne fui molto impressionato, ma poiché non avevo conoscenze che mi permettessero di valutare esperienze come quella, mi limitai ad archiviarla: mentalmente e in un nastro registrato.

Alcuni anni dopo – insegnavo allora in un'università della North Carolina – feci leggere ai miei studenti il *Fedone*, uno dei dialoghi platonici in cui viene affrontato, tra gli altri, il tema dell'immortalità. Ma nel corso delle mie lezioni avevo sottolineato piuttosto le altre dottrine esposte da Platone. Un giorno, al termine di una lezione, uno studente mi fermò e mi disse se avremmo potuto affrontare il tema dell'immortalità: si interessava particolarmente alla cosa perché sua nonna, « morta » durante un'operazione, aveva narrato una esperienza stupefacente. Gli chiesi di parlarmene e, con mio profondo stupore, egli riferì una serie di eventi quasi perfettamente identica a quella descritta dal professore di psichiatria.

Mi diedi allora a cercare attivamente casi analoghi e introdussi nelle mie lezioni l'argomento della sopravvivenza alla morte biologica; senza tuttavia parlare dei due casi di cui ero a conoscenza. Rimanevo in attesa: se esperienze come quelle erano comuni, avrei finito per conoscerne altre anche limitandomi ad affrontare genericamente il tema della sopravvivenza, a dimostrarmi interessato alla cosa e ad aspettare. Con mio profondo stupore, constatai che quasi in ogni corso di circa trenta studenti, almeno uno di loro veniva a parlarmi di un'esperienza di pre-morte.

Quel che più mi ha stupito sin da quando ho incominciato a interessarmi alla cosa, è stata la grande somiglianza delle varie esperienze, che tuttavia erano state vissute da individui di religione, educazione e origine diverse. All'inizio dei miei studi di medicina, nel 1972, avevo già raccolto un certo numero di testimonianze e ne parlai ad alcuni medici di mia conoscenza. Un amico mi convinse a esporre le mie ricerche a un'associazione medica, e a quella prima conferenza ne seguirono altre. Dopo ogni conferenza, qualcuno veniva a riferirmi un'esperienza personale.

Frattanto, si affermava la mia notorietà in quel campo e molti dottori mandavano da me persone che essi avevano riportato alla vita e che parlavano di esperienze insolite. Altri ancora mi hanno scritto dopo la comparsa di articoli sui miei studi.

Attualmente, so di 150 casi di pre-morte, e le esperienze da me esaminate possono venir raggruppate in tre distinte categorie:

1) Le esperienze di persone tornate alla vita dopo essere state credute, ritenute o dichiarate clinicamente morte dai loro medici.

2) Le esperienze di persone che, durante incidenti o ferite o malattie gravi, sono andate vicine alla morte fisica.

3) Le esperienze di persone che, al momento della morte, hanno parlato ad altre persone presenti. Queste, in seguito, sono venute a riferirmene.

È stato necessario operare una scelta nel vasto materiale offerto dai 150 casi. In parte, si è trattato di una scelta che aveva uno scopo preciso. Pur avendo, per esempio, constatato che le esperienze del terzo tipo si accordavano perfettamente con le altre, le ho escluse quasi tutte per due ragioni. Perché la cosa mi aiutava a ridurre il numero dei casi presi in esame a un livello più facilmente affrontabile e perché mi permetteva di attenermi quanto più possibile a resoconti di prima mano. Per ottenerli, ho intervistato a lungo una cinquantina di persone, e di questi cinquanta casi, quelli che rientrano nella prima categoria sono senza dubbio più *drammatici* di quelli della seconda. Quando ho tenuto conferenze sull'argomento, i casi di « morte » hanno sempre suscitato il maggior interesse e sono stati scritti articoli tali da far supporre che si tratti in realtà dei soli casi da me trattati.

Ma nella scelta delle testimonianze da presentare in questo libro ho evitato la tentazione di occuparmi soltanto dei casi in cui si è trattato di « morte ». Si vedrà infatti che i casi del secondo tipo non sono diversi da quelli del primo: al contrario, formano con quelli un tutto unico. Inoltre, per quanto le esperienze di pre-morte in se stesse siano assai simili, le circostanze che le accompagnano e le persone che le hanno vissute variano sensibilmente e io ho voluto riportare una gamma di esperienze che riflettano tale varietà.

E ora, dopo queste brevi considerazioni sui criteri di scelta che mi hanno guidato, è tempo di parlare di quello che può accadere, stando a quanto ho io appurato, al momento della morte.

II
L'esperienza della morte

Le circostanze che accompagnano l'immediata vicinanza con la morte sono assai diverse tra loro, e diverse le persone che hanno conosciuto tali esperienze, ma è stupefacente la somiglianza delle esperienze di pre-morte in quanto tali. L'analogia dei diversi resoconti è infatti tale da permettere l'individuazione di circa quindici elementi comuni. Ed è sulla base di questi elementi che ho tracciato la ricostruzione di un'esperienza di pre-morte breve, teoricamente « ideale » o « completa », nella quale sono racchiusi tutti gli elementi comuni nell'ordine nel quale abitualmente si presentano.

Un uomo sta morendo e, nel momento in cui ha raggiunto l'acme della sofferenza fisica, sente dalle parole del dottore di essere clinicamente morto. Avverte allora un rumore sgradevole, come un tintinnio o un ronzio, e contemporaneamente sente di muoversi con estrema rapidità lungo una galleria buia. Giunto al termine, avverte improvvisamente di essere uscito dal proprio corpo ma di trovarsi ancora nell'ambiente in cui si trovava prima e vede in lontananza il suo stesso corpo, come se egli fosse soltanto uno spettatore. Da quella posizione privilegiata osserva il tentativo di rianimazione e prova un senso di sconvolgimento emotivo.

Dopo breve tempo, si riprende e si abitua alla sua strana condizione. Avverte di avere ancora un « corpo », ma di una natura assai diversa e dotato di poteri assai diversi da quelli del corpo fisico che ha lasciato dietro di sé. Cominciano allora ad accadere altre cose. Altri individui gli si fanno vicino per aiutarlo. Scorge gli spiriti di parenti e amici già morti e gli appare uno spirito di amore come egli non ha conosciuto mai: un essere di luce. Questo gli rivolge, senza parole, una domanda che lo esorta a valutare la propria vita, e lo aiuta mostrandogli, come in un playback, gli avvenimenti più importanti della sua esistenza. A un tratto si trova vicino a una barriera, o a un confine, che sembra rappresentare la divisione tra la vita terrena e l'altra vita. E tuttavia sente di dover tornare sulla terra, sente che non è ancora giunto per lui il momento della morte. Tenta di opporsi perché è ormai affascinato dall'altra vita e non vuole tornare in questa. È sopraffatto da intensi sentimenti di gioia, amore e pace. Tuttavia si riunisce in qualche modo al suo corpo fisico e torna alla vita.

Più tardi tenta di riferire ad altri la sua esperienza, ma gli riesce difficile farlo. Non trova parole umane capaci di descrivere quegli episodi non terreni. Scopre inoltre che gli altri non lo prendono sul serio e rinuncia a parlare. Ma l'esperienza conosciuta segna la sua esistenza, in particolare le sue opinioni sulla morte e il suo rapporto con la vita.

È importante sottolineare ancora una volta che questa mia ricostruzione non intende rappresentare l'esperienza di una singola persona. È piuttosto un « modello », ottenuto raggruppando gli elementi comuni trovati in moltissimi resoconti. L'ho introdotta a questo punto soltanto per dare un'idea, preliminare e generale, di quel che può provare un morente. E poiché si tratta di un'astrazione e non di un vero resoconto, illustrerò ora, uno a uno, i diversi elementi accompagnandoli con esempi.

È tuttavia necessario esporre dapprima alcuni fatti che possono situare nella giusta luce quel che ancora dovrò dire sull'esperienza della morte:

1) Per quanto forti siano le analogie tra i diversi resoconti, non ne esistono di assolutamente identici (soltanto alcuni sono *quasi* identici).

2) Non ho mai incontrato nessuno che abbia riferito tutti gli elementi. Moltissimi ne hanno ricordato la maggioranza (otto o più di otto su quindici) e alcuni ne hanno riferito dodici.

3) Nessuno dei quindici elementi compare in tutti i resoconti. Ma alcuni possono essere considerati quasi universali.

4) Nessuno dei quindici elementi compare soltanto in un resoconto. Ogni elemento appare in molte storie diverse.

5) L'ordine nel quale la persona morente attraversa le varie fasi da me ricostruite può essere diverso da quello che io ho fornito nel « modello teorico ». Per fare un esempio, molti hanno narrato di aver veduto l'« essere di luce » prima di lasciare il corpo fisico o nell'i-

stante in cui lo lasciavano, e non, come nel mio « modello », qualche tempo dopo. Tuttavia, l'ordine da me seguito è un ordine tipico, e variazioni di notevole entità sono inconsuete.

6) Fino a che punto il morente conosce per intero l'esperienza sembra dipendere dal fatto che egli abbia o no attraversato uno stato di morte clinica, e dal tempo in cui è rimasto in quello stato. In linea generale, quelli che sono « morti » narrano un'esperienza più ricca e completa di quanti hanno soltanto sfiorato la morte, e quelli che sono « morti » per un tempo più lungo hanno conosciuto un'esperienza più completa di quelli « morti » per un tempo più breve.

7) Ho parlato con alcune persone dichiarate morte e ritornate alla vita che, non soltanto non hanno riferito neppure uno dei quindici elementi, ma dichiarano di non ricordare nulla della loro « morte ». È interessante notare che individui dichiarati clinicamente morti in diverse occasioni, ad anni di distanza, mi hanno riferito di non aver provato nulla in un'occasione e di aver conosciuto esperienze complesse in un'altra.

8) Devo sottolineare che in questo libro io mi attengo a resoconti verbali da me ascoltati personalmente. Quando affermo che un determinato elemento della esperienza « completa » non si è verificato in un determinato resoconto, non intendo necessariamente dire che quell'elemento non è accaduto, ma soltanto che la persona in questione non mi ha detto che le è accaduto, o che dal suo racconto non appare chiaro se lo abbia conosciuto.

Tenendo presenti queste osservazioni, esaminiamo

ora alcune fasi e eventi comuni dell'esperienza della morte.

Ineffabilità

Per comprendere il linguaggio umano è necessaria l'esistenza di un complesso di esperienze comuni. E questo spiega la difficoltà fondamentale del discorso che segue. Gli avvenimenti vissuti da quanti sono stati vicini alla morte esulano dal campo delle nostre esperienze comuni: è dunque lecito attendersi che esista una notevole difficoltà linguistica nell'esprimere quegli avvenimenti. Ed è infatti così. Quanti hanno vissuto quell'esperienza la definiscono sempre ineffabile, inesprimibile.

Molti hanno osservato che « non esistono parole per esprimere quanto sto cercando di dire », oppure che « non ci sono aggettivi o superlativi che possano descrivere ». Una donna ha riassunto con molta chiarezza il problema quando mi ha detto:

> È molto difficile per me cercare di dirle tutto questo perché le parole che conosco sono a tre dimensioni. Mentre vivevo quell'esperienza, continuavo a pensare: « Quando studiavo geometria, mi dicevano che esistono soltanto tre dimensioni e io ho sempre dato la cosa per scontata. Ma avevano torto. Non esistono soltanto tre dimensioni, ne esistono di più ». E naturalmente il nostro mondo – quello in cui ora viviamo – è davvero a tre dimensioni. Ma l'altro mondo non lo è. Per questo è tanto difficile parlarne. Devo descriverglielo usando parole a tre dimensioni. Questo è il massimo a cui posso arrivare, ma è del tutto inadeguato. Non posso darle una descrizione efficace.

L'ascolto della notizia

Molte persone hanno detto di aver sentito il dottore o qualcun altro dichiararle morte.

Ero all'ospedale, ma non sapevano che cosa avessi. Così il dottor James, il mio medico curante, mi mandò al reparto radiologico per un esame del fegato che permettesse di individuare la natura della malattia. Provarono prima su un braccio l'effetto della sostanza che avrebbero dovuto usare, perché avevo avuto molte reazioni allergiche a molte medicine. Questa volta però non ebbi alcuna reazione e così proseguirono. Ma mentre usavano quella sostanza, il cuore smise di battere. Ho sentito il radiologo andare al telefono e fare un numero. Poi l'ho sentito dire: « Dottor James, ho ucciso la sua paziente, la signora Martin ». E io sapevo di non essere morta. Ho cercato di muovermi, di farglielo capire, ma non potevo. Mentre tentavano di rianimarmi, li sentivo dire quanti centimetri cubi di una certa medicina dovevano darmi, ma non sentivo gli aghi delle iniezioni. Non sentivo niente quando mi toccavano.

In un altro caso, una donna che aveva sofferto di disturbi cardiaci venne colta da un attacco che le costò quasi la vita. Ecco quanto riferisce:

Di colpo sono stata presa da una sofferenza al petto, come se mi avessero avvolto attorno al petto una sbarra di ferro e la stringessero. Mio marito e un nostro amico mi hanno sentito cadere e sono corsi per aiutarmi. Mi sono trovata immersa in un'oscurità profonda, e mio marito, che pareva lontanissimo, diceva: « Ecco, questa volta è finita! ». E anch'io pensavo: « Sì, è finita ».

Un giovane, creduto morto in seguito a un incidente automobilistico, afferma: « Ho sentito una donna dire: "È morto?" e qualcuno le ha risposto: "Sì, è morto" ».

Questi resoconti, e altri analoghi, si accordano con

quanto riferiscono i dottori o le persone presenti. Ecco la testimonianza di un dottore:

Una mia paziente ha avuto un attacco cardiaco poco prima che io e un altro chirurgo la operassimo. Ero là e ho visto che le pupille le si dilatavano. Abbiamo tentato di rianimarla, ma senza alcun successo, e io pensai che fosse ormai morta. Ho detto all'altro medico: « Tentiamo un'altra volta prima di rinunciare ». E quella volta il cuore riprese a battere e lei tornò in vita. In seguito le chiesi che cosa ricordasse della sua « morte ». Ha detto di non ricordare molto, ma soltanto di avermi sentito dire: « Tentiamo un'altra volta prima di rinunciare ».

Senso di pace e di quiete

Molti descrivono sensazioni estremamente piacevoli conosciute nelle fasi iniziali della loro esperienza. Dopo una grave ferita alla testa un uomo non dava più segni di vita.

Nel momento in cui ho subito la ferita ho provato un dolore lancinante, ma poi è svanito. Mi pareva di nuotare in uno spazio buio. Il giorno era freddissimo, eppure, mentre ero in quello spazio, sentivo soltanto calore e un immenso senso di benessere quale non ho provato mai... Ricordo di aver pensato: « Devo essere morto ».

Una donna, tornata in vita dopo un attacco cardiaco, osserva:

Cominciai a provare sentimenti meravigliosi. Non sentivo altro che pace, benessere, agio: quiete insomma. Tutte le preoccupazioni erano finite e ho pensato: « Come mi sento tranquilla e in pace, e non soffro affatto ».

E ancora:

Provavo semplicemente un profondo, gradevole senso di solitudine e di pace... Era bello e avvertivo una tale quiete mentale.

Un giovane, « morto » in seguito alle ferite riportate nel Vietnam, dice di aver provato, mentre veniva colpito,

Una profonda sensazione di sollievo. Non avvertivo dolore e non mi sono sentito mai tanto rilassato. Ero a mio agio e tutto andava bene.

Il suono

In molti casi si parla di inconsuete sensazioni uditive al momento della morte o in prossimità della morte. Sensazioni a volte spiacevoli. Un uomo « morto » per venti minuti durante un'operazione descrive « un ronzio davvero sgradevole che mi risuonava in testa. Mi faceva star male... Non lo dimenticherò mai ». Una donna parla di « un tintinnio. Un ronzio forse. E io mi sentivo prendere tutta dalle vertigini ». Il suono mi è stato descritto anche come un ticchettio, un rimbombo, un clangore metallico, un « suono sibilante, simile al vento ».

In altri casi l'effetto sonoro sembra assumere una veste più musicale e gradevole. Un uomo, rianimato dopo essere stato dichiarato morto al suo arrivo all'ospedale, ricorda:

Sentivo come un suono di campanelle, un suono lontano che sembrava portato dal vento. Come le campane a vento giapponesi... A volte era il solo suono che udivo.

E una giovane donna, in pericolo di vita per un'emorragia interna, parla di « una specie di musica, una musica maestosa, bella ».

La galleria buia

Spesso, alla sensazione sonora, si accompagna quella di percorrere rapidamente e forzosamente uno spazio buio. Termini diversi vengono usati per definirlo: cantina, pozzo, canale, recinto, galleria, gola, vuoto, tubo, valle, cilindro; ma benché la terminologia cambi è chiaro che le diverse persone cercano di esprimere una stessa idea. Esaminiamo ora due resoconti nei quali prevale il concetto della « galleria ».

Mi è successo quando ero un bambino – un bambino di nove anni. Ventisette anni fa, ma è stata una cosa tanto sconvolgente che non l'ho mai dimenticata. Un pomeriggio mi sentii malissimo e mi portarono in fretta e furia al più vicino ospedale. Al mio arrivo decisero di anestetizzarmi, ma non so perché, ero troppo piccolo. A quell'epoca usavano l'etere. Me lo somministrarono mettendomi un panno sul viso e, quando lo fecero, come mi dissero in seguito, il cuore cessò di battere. Allora non sapevo che questo era quanto mi era successo, ma nel momento in cui accadde fu una vera esperienza. Per prima cosa – lo descrivo proprio come l'ho provato allora – sentii un suono squillante: brrrrnnnng-brrrrnnnng-brrrrnnnng, un suono molto ritmato. Poi mi sono trovato a muovermi in quel – questo le sembrerà strano – in quello spazio lungo e buio. Sembrava un canale sotterraneo o qualcosa del genere. Non riesco a descriverglielo. Mi spostavo, sempre al ritmo di quel suono, di quel suono metallico.

Un'altra persona afferma:

Ho avuto una gravissima reazione allergica a un anestetico, e mi è mancato il respiro. La prima cosa che mi accadde – fu tutto molto veloce – fu che mi trovai in un vuoto scuro, nero, a una velocità supersonica. Immagino lo si possa definire una galleria. Mi sembrava di andare sulle montagne russe in un Luna Park, mentre percorrevo quella galleria a velocità pazza.

Durante una gravissima malattia un uomo andò tanto vicino alla morte che gli si dilatarono le pupille e il corpo cominciò a raffreddarsi.

Mi trovai in un vuoto nero, buio. È difficile spiegare: mi pareva di muovermi in un nulla che era soltanto una profonda oscurità. Sì, ero consapevole di quanto accadeva. Mi pareva di essere in un cilindro senza aria Era come essere in un limbo, per metà qui e per metà da un'altra parte.

Un uomo « morì » a diverse riprese in seguito alle ustioni e alle ferite provocate da una caduta:

Rimasi in stato di choc per una settimana circa e in quel periodo mi ritrovai di colpo in un nulla buio. Mi è parso di rimanervi a lungo, come galleggiando e rotolando nello spazio.. E quel nulla mi prendeva tanto che non pensavo ad altro.

Prima di conoscere, ancora bambino, l'esperienza di pre-morte, uno degli uomini da me ascoltati aveva paura del buio. Eppure, quando il cuore cessò di battergli per le lesioni riportate in seguito a una caduta dalla bicicletta,

Provai la sensazione di muovermi in una valle profonda e buia. L'oscurità era tanto profonda e impenetrabile che non potevo vedere nulla, ma era l'esperienza più meravigliosa e libera da preoccupazioni che si possa immaginare.

Una donna colpita da peritonite ricorda:

Il medico aveva già chiamato mio fratello e mia sorella perché mi dessero l'estremo saluto. L'infermiera mi fece un'iniezione per rendermi la morte meno dolorosa. L'ambiente che mi circondava cominciò allora ad allontanarsi sempre di più. E mentre si allontanava, io precipitavo a testa in giù in una specie di corridoio stretto e molto, molto buio. Sembrava vi entrassi appena. E cominciai a scivolare, a scivolare, a scivolare.

Mentre un'altra donna, prossima alla morte in seguito a un incidente, si è servita di un paragone preso da uno spettacolo televisivo:

Una sensazione di pace e quiete profonda, nessuna paura, e mi ritrovai in una galleria – una galleria fatta di cerchi concentrici. Poco dopo la mia esperienza ho visto un programma alla televisione, *La galleria del tempo*, dove la gente torna indietro nel tempo percorrendo una galleria a spirale. È il paragone migliore che possa trovare.

Ed ecco infine la testimonianza di un uomo che si rifà alla sua educazione religiosa:

Di colpo mi trovai in una vallata molto buia e molto profonda. Mi pareva ci fosse un sentiero, quasi una strada, che attraversava la valle, e io seguivo quel sentiero... Più tardi, quando stavo bene, ho pensato: « Ora so che cosa intende la Bibbia quando parla della "Valle dell'ombra della morte"; lo so perché ci sono stato ».

L'abbandono del corpo

Dire che la stragrande maggioranza di noi, per la stragrande maggioranza del tempo, si identifica con il proprio corpo è una verità che non ha bisogno di essere dimostrata. Certo, ammettiamo di avere anche una « mente »; ma per molti la « mente » sembra assai più effimera del corpo. In fondo, la « mente » potrebbe essere soltanto il risultato dell'attività elettrica e chimica che si svolge nel cervello, e il cervello è parte del corpo. Per molti è impossibile anche soltanto immaginare un'esistenza diversa dall'esistenza corporea alla quale sono abituati.

Era così anche per le persone con le quali ho parlato, prima della loro esperienza di pre-morte. E per questo, dopo il passaggio attraverso la galleria buia, il morente avverte un senso tanto profondo di stupore: perché si trova di colpo a osservare il proprio corpo essendone fuori, come uno « spettatore » o « una terza persona » o qualcuno che guarda personaggi e avvenimenti « sulla scena » o « al cinema ».

Avevo diciassette anni e io e mio fratello lavoravamo in un Luna Park. Un pomeriggio decidemmo di andare a nuotare e parecchi altri ragazzi vennero con noi. Qualcuno disse: « Attraversiamo a nuoto il lago ». Io lo avevo fatto spesso ma quel giorno, non so perché, andai a fondo verso il centro del lago... Continuavo ad andare su e giù e di colpo mi sentii come fossi fuori dal mio corpo, isolato, solo nello spazio. Io ero fermo, allo stesso livello del mio corpo, e lo vedevo nell'acqua a una quindicina di centimetri da me che andava in su e in giù. Vedevo il mio corpo da dietro, leggermente verso destra. Eppure continuavo a sentirmi in possesso di una forma corporea completa, pur essendo fuori dal mio corpo. Provavo una sensazione di leggerezza quasi indescrivibile. Mi sentivo una piuma.

Una donna ricorda:

Circa un anno fa venni ricoverata in ospedale in seguito a scompensi cardiaci e la mattina successiva al ricovero, mentre ero a letto, cominciai ad avvertire un violento dolore al petto. Chiamai le infermiere: quelle vennero e cominciarono a darsi da fare. Stavo male sdraiata supina, così mi voltai, e mentre lo facevo mi mancò il respiro e il cuore cessò di battere. Le infermiere gridarono: « Emergenza! Emergenza! », e intanto io mi sentii uscire dal corpo e scivolare tra il materasso e la sponda laterale del letto – mi parve di passare *attraverso* la sponda – giù fino al pavimento. Poi cominciai a innalzarmi, lentamente. Mentre mi innalzavo vidi altre infermiere che entravano correndo nella stanza – circa una dozzina. In quel momento il mio medico curante faceva il giro di visite in ospedale, così lo chiamarono e vidi entrare anche lui. Ho pensato: « Chissà che cosa ci fa qui ». Continuai a salire fino al punto dove era fissato l'impianto della luce – lo vidi di fianco, con assoluta chiarezza – e più su ancora, poi mi fermai, galleggiando lentamente appena sotto il soffitto e continuando a guardare giù. Mi sentivo come un foglio di carta che qualcuno avesse soffiato fino al soffitto.

Li vidi rianimarmi stando lassù! Il mio corpo era steso sul letto, bene in vista, e tutti gli stavano radunati attorno. Sentii un'infermiera dire: « Mio Dio, è morta! », mentre un'altra si curvava per farmi la respirazione bocca a bocca. Mentre lei era curva su di me, io guardavo la sua *nuca*. Non dimenticherò mai com'erano i suoi capelli: tagliati corti. Proprio in quel momento vidi che portavano dentro un apparecchio e mi applicavano gli elettrodi al petto. Quando lo fecero, il mio corpo sussultò sul letto, e sentii ogni osso del mio corpo scricchiolare. Era una cosa orribile!

Mentre vedevo tutta quella gente laggiù che mi martellava il petto e mi strofinava le braccia e le gambe, pensavo: « Perché si danno tanto da fare? Adesso sto bene ».

Ed ecco ora la testimonianza di un giovane:

È accaduto circa due anni fa, avevo appena compiuto diciannove anni. Stavo accompagnando a casa in macchina un amico e, arrivato a un incrocio, mi fermai e guardai da tutte e due le parti, ma non vidi una macchina che veniva verso di me. Rimisi in moto e sentii il mio amico che urlava con quanto fiato aveva. Guardai e vidi una luce accecante, i fari di una macchina che veniva di corsa verso di me. Sentii un suono terribile – il fianco della macchina che si schiacciava – e per un istante mi parve di attraversare uno spazio buio, chiuso. Fu tutto molto veloce. Poi mi sentii galleggiare a una ventina di centimetri dalla strada, a cinque metri dalla macchina, mentre il rumore svaniva. Vidi molta gente arrivare e radunarsi attorno alla macchina e il mio amico che ne usciva in evidente stato di choc. Vedevo anche il mio corpo tra i rottami e la gente che cercava di tirarlo fuori. Avevo le gambe contorte, e c'era sangue dappertutto.

Come è facile immaginare, nella mente di chi si trova in una situazione come questa passano sentimenti e pensieri mai conosciuti prima. Molti considerano tanto impensabile l'idea di trovarsi fuori dal loro corpo che, nel preciso istante in cui provano quella sensazione, si sentono confusi al punto di non collegarla immediatamente con la morte. Si chiedono che cosa gli stia accadendo: perché possono d'un tratto vedersi da lontano, come spettatori?

Le reazioni emotive variano profondamente da individuo a individuo. La maggioranza parla di un desiderio disperato, all'inizio, di rientrare nel proprio corpo, ma non sa come riuscirvi. Altri ricordano di avere paura, di essere stati in preda al panico. Alcuni, tuttavia, parlano di emozioni più positive:

Mi ammalai gravemente e il dottore mi fece ricoverare in ospedale. Una mattina, mi avvolse una nebbia grigia e solida, e uscii dal mio corpo. Mi sentivo galleggiare mentre uscivo dal corpo, e mi voltai a guardare e mi vidi sul letto e non provai paura. Avvertivo invece quiete, una quiete serena e piena di pace. Non ero sconvolto [1] né spaventato. Era una sensazione di

[1] Nella lingua inglese gli aggettivi e i participi passati sono invariabili al maschile e al femminile (e anche al singolare e al plurale, ma qui la cosa non ha importanza). In questo, come in altri casi in cui manchino ulteriori precisa-

tranquillità, qualcosa che non temevo. Sentii che probabilmente quella era la morte, che forse stavo morendo e che se non rientravo nel mio corpo, sarei morto, morto sul serio.

Altrettanto diversi i sentimenti provati nei confronti del corpo che il morente ha abbandonato: uno dei sentimenti più comuni è forse un senso di preoccupazione. Una ragazza, che studiava da infermiera al tempo della sua esperienza, esprime un comprensibile timore:

Forse è strano, lo capisco, ma alla scuola avevano cercato di instillarci l'idea che avremmo dovuto, dopo morte, offrire il nostro corpo alla scienza. Bene, durante la mia esperienza, mentre li guardavo che cercavano di rianimarmi, continuavo a pensare: « Non voglio che usino quel corpo come una salma da studiare ».

In altri due casi mi è stata riferita l'identica preoccupazione, ed è interessante notare che in entrambi esisteva un rapporto con la medicina: una delle due persone era infermiera, l'altra medico.

Ed ecco invece la preoccupazione diventare sofferenza, rimpianto. Il cuore di un uomo smise di battere in seguito a una caduta che gli procurò lesioni gravissime:

A un certo momento – ora so che giacevo sul letto – ma allora potevo vedere il letto e il dottore che mi curava. Non capivo come, ma vedevo il mio corpo, che giaceva sul letto. E soffrii molto quando lo vidi e vidi come era ridotto.

Molti hanno espresso al contrario un senso di estraneità, di non riconoscimento del loro corpo:

Oh, non lo sapevo proprio di avere quell'aspetto! Sono abi-

zioni, non è possibile stabilire se chi parla è un uomo o una donna. Mentre in italiano è grammaticalmente indispensabile optare per l'una o l'altra ipotesi. Si è optato per l'ipotesi uomo, perché è parso che l'autore, quando si trattava di una donna, fornisse le ulteriori precisazioni. [*N.d.T.*]

tuato a vedermi soltanto in fotografia o di fronte, allo specchio, e queste sono tutte immagini *piatte*. Ed ecco che di colpo io – o il mio corpo – era là e potevo vederlo. Lo potevo vedere bene, bene in vista, da una quindicina di centimetri. Mi ci vollero alcuni minuti per riconoscermi.

E, in almeno un caso, il senso di estraneità assume una forma estrema e umoristica. Un uomo, un medico, racconta come durante la sua « morte » clinica si trovasse vicino al letto e guardasse il suo corpo, che aveva già assunto un cadaverico color cenere. Disperato e confuso, cercava di decidere che cosa dovesse fare. Con esitazione, stabilì di andarsene, perché si sentiva molto a disagio. Da bambino, il nonno gli aveva raccontato storie di fantasmi e: « Non mi piaceva stare vicino a quella cosa che sembrava un cadavere... anche se ero io! ».

All'estremo opposto si situano alcune persone che affermano di non aver provato nulla per il proprio corpo. Una donna ebbe un attacco cardiaco e si sentì certa di essere prossima alla morte. Le parve di venir trascinata nel buio fuori dal proprio corpo e di correre rapidamente.

Non guardai affatto il mio corpo. Sì, sapevo bene che era là e se avessi guardato lo avrei visto. Ma non volevo guardare, non volevo proprio, perché sapevo di aver fatto del mio meglio in vita e ora volgevo la mia attenzione verso il nuovo regno. Mi pareva che voltarmi a guardare il mio corpo fosse come voltarmi a guardare il passato, e ero decisa a non farlo.

Analogamente, una ragazza che « uscì dal corpo » dopo un incidente afferma:

Vedevo il mio corpo ripiegato su se stesso nella macchina,

in mezzo a tutti quelli che si erano radunati, ma, vede, non provavo niente per il mio corpo. Era come se fosse una persona completamente diversa, o forse soltanto un oggetto... sapevo che era il mio corpo, ma non provavo niente.

Per quanto misterioso sia il fatto di uscire dal proprio corpo, la situazione coglie tanto di sorpresa il morente che egli non afferra subito il significato dell'esperienza che sta attraversando. Può accadergli di restare per qualche tempo fuori dal corpo cercando disperatamente di capire che cosa gli sta succedendo e di distinguere tra i pensieri tumultuosi che gli attraversano la mente prima di capire che sta morendo, o è già morto. Quando infine se ne rende conto, la comprensione improvvisa può scatenare un'intensa reazione emotiva e pensieri stupefacenti. Una donna ricorda di aver pensato: « Oh, sono morta! Che bello! ». E un uomo: « Deve essere quella che chiamano morte ». Ma la comprensione può essere accompagnata anche da un profondo smarrimento e perfino da un certo rifiuto. Un giovane ricorda di aver pensato alla promessa biblica dei *settanta anni* e di aver protestato perché ne aveva avuto appena venti. Una ragazza ha descritto con grande efficacia questi sentimenti quando mi ha detto:

Pensai di essere morta e non mi dispiaceva esserlo, semplicemente non riuscivo a immaginare dove sarei dovuta andare. Il pensiero e la consapevolezza non erano diversi da come erano in vita, ma proprio non riuscivo a immaginarlo. Continuavo a pensare: « Dove vado adesso? Che cosa faccio? » e: « Dio mio! Sono morta! Non riesco a crederci! ». Perché non si crede mai, penso, che si morirà davvero. La morte succede agli altri, e per quanto lo si sappia, non lo si crede davvero... Decisi così che mi sarei limitata a aspettare fino a quando gli altri non si fosero calmati e non avessero portato via il mio corpo, e allora avrei cercato di decidere dove potevo andare da lì.

In uno o due casi i morenti la cui anima, mente, consapevolezza (come preferite chiamarla) era stata liberata dal corpo, hanno dichiarato di non avere avuto l'impressione di ritrovarsi in seguito in un altro « corpo ». Si sentivano « pura » consapevolezza. Un uomo ricorda di avere avuto la sensazione di « poter vedere tutto attorno a me – compreso il mio corpo che giaceva sul letto – senza occupare alcuno spazio », come fosse stato soltanto consapevolezza, o anima. Altri dicono di non ricordare bene se si trovassero o no in un nuovo « corpo » dopo essere usciti dal loro corpo fisico, perché erano troppo presi da quel che stava accadendo.

Ma nella stragrande maggioranza dei casi, le persone da me incontrate dichiarano di essersi sentite in un altro corpo dopo essere uscite dal loro corpo fisico. Ci troviamo tuttavia in un campo particolarmente arduo. Il « nuovo corpo » è uno dei due o tre aspetti della esperienza di pre-morte nei quali l'inadeguatezza del linguaggio umano si fa maggiormente sentire. Quasi tutti quelli che mi hanno parlato di questo « corpo » hanno conosciuto infine un profondo scoraggiamento e hanno affermato: « Non posso descriverlo » o frasi simili.

Tuttavia le descrizioni del nuovo corpo sono sorprendentemente simili. Se individui diversi usano parole diverse e tracciano paragoni diversi, i vari modi di espressione sembrano riferirsi a una stessa realtà, e le testimonianze concordano sulle caratteristiche e sulle facoltà del nuovo corpo. Per usare un termine che riunisce in sé con sufficiente efficacia tali caratteristiche e che è stato usato in due casi, lo chiamerò il « corpo spirituale ».

Il morente tende dapprima ad avvertire il suo corpo spirituale attraverso le limitazioni. Cerca disperatamente di dire agli altri che cosa gli sta accadendo, ma scopre che nessuno può sentirlo. Eccone una testimonianza nel racconto di una donna che era stata portata in sala di rianimazione:

Li vidi mentre mi rianimavano. Era davvero strano. Non mi trovavo molto in alto; era come se fossi su una piattaforma, ma non molto al di sopra di loro, solo quel tanto che mi permetteva di guardarli dall'alto. Cercavo di parlare, ma nessuno poteva sentirmi, nessuno mi ascoltava.

Oltre a non essere apparentemente in grado di farsi udire da quanti gli stanno vicini, l'individuo entrato nel corpo spirituale si accorge di essere invisibile. I medici, le infermiere o altre persone presenti attorno al suo corpo fisico, guardano verso di lui, verso il suo corpo spirituale, senza dar segno di averlo visto. Il corpo spirituale non è un corpo solido; gli oggetti lo attraversano agevolmente, ed è incapace di afferrare cose o persone.

I dottori e le infermiere mi martellavano il corpo per cercare di rianimarmi e io continuavo a dire: « Lasciatemi in pace. Voglio soltanto che mi lasciate in pace. Smettetela ». Ma non mi sentivano. Allora cercavo di allontanare le loro mani perché la smettessero di percuotermi il corpo, ma non succedeva niente. Non potevo toccare niente. Era come – non so che cosa sia accaduto, ma non potevo scostare le loro mani. Sembrava che io toccassi le loro mani e cercassi di muoverle – ma quando infine facevo il gesto per allontanarle, le mani erano sempre al loro posto. Non so se la mia mano attraversasse le loro, o le circondasse, o che cosa facesse. Sentivo di non esercitare nessuna pressione sulle loro mani quando cercavo di scostarle.

E ancora:

La gente veniva da tutte le direzioni per arrivare alla macchina rotta. Vedevo gli altri e mi trovavo al centro di un passaggio pedonale molto stretto. Ma quando la gente mi si avvicinava, sembrava non mi vedesse. Continuava a camminare guardando davanti. Quando mi si avvicinavano, io mi spostavo, per togliermi di mezzo, ma loro mi passavano attraverso.

Altra caratteristica del corpo spirituale è di non avere peso. La più parte se ne avvede quando, come è stato spesso riferito, si trova a volare, a galleggiare verso il soffitto della camera o in aria. Molti parlano di « sentirsi fluttuare » o di « imponderabilità » o di « essere trascinato via come dalla corrente » quando si riferiscono al loro nuovo corpo.

Normalmente, mentre siamo nel nostro corpo fisico, abbiamo molti modi per percepire in quale punto dello spazio e in quale posizione si trovino i nostri corpi, o parti del nostro corpo, e se siano fermi o in movimento. La vista, il senso dell'equilibrio sono due elementi fondamentali a questo riguardo, ma esiste anche un altro senso, il senso cinetico, il senso del movimento o della tensione nei muscoli, nei tendini, nelle giunture. Normalmente non ci accorgiamo della sensazione del movimento che ci viene dal senso cinetico, perché l'uso costante ne ha praticamente annullato la percezione. Ritengo tuttavia che se ne venissimo di colpo privati ne noteremmo immediatamente l'assenza. E in effetti alcune persone mi hanno detto di essere consapevoli dell'assenza della sensazione fisica del peso, del movimento e della posizione mentre si trovano nel corpo spirituale.

Le caratteristiche del corpo spirituale che dapprima vengono percepite come limitazioni possono con eguale fondatezza essere considerate assenza di limitazioni. È sufficiente capovolgere il punto di vista: Una persona nel corpo spirituale è in una posizione privilegiata nei confronti delle altre persone. Può vederle e sentirle, ma loro non possono vederla né sentirla. (Molte spie la giudicherebbero una situazione invidiabile.) Allo stesso modo, se la maniglia sembra attraversare la mano quan do si cerca di toccarla, non ha molta importanza, poiché si può passare attraverso la porta. Muoversi, quando ci si è fatta l'abitudine, sembra particolarmente facile. Gli oggetti fisici non rappresentano un ostacolo e spostarsi da un luogo all'altro è estremamente rapido, quasi istantaneo.

Inoltre, benché il corpo spirituale non sia percepibile in alcun modo da chi si trovi nel corpo fisico, tutti quanti lo hanno conosciuto affermano concordemente che è *qualcosa*, per quanto indescrivibile. Ha un aspetto, una sagoma (a volte è come una nube globulare o amorfa, spesso è simile al corpo fisico) e ha delle parti (proiezioni o superfici analoghe alle braccia, le gambe, la testa, ecc.). Anche quando si parla di una forma genericamente tondeggiante, si afferma che esistono due estremità, una in alto e l'altra in basso, e perfino le « parti » summenzionate.

Ho sentito descrivere con termini diversissimi il corpo spirituale, ma anche in questo caso è facile constatare che i modi diversi tendono a esprimere una stessa idea. Le espressioni usate comprendono: nebbia, nuvola, simile al fumo, vapore, trasparente, nube di colori, volute di fumo, concentrazione di energia, e altre ancora che esprimono significati analoghi.

Infine, quasi tutti parlano della atemporalità di questa particolare condizione. Molti lamentano di dover descrivere in termini temporali (poiché il linguaggio umano è temporale) il loro interludio nel corpo spirituale, mentre il tempo non era parte della loro esperienza come lo è nella vita fisica.

Ed ecco ora alcuni brani da cinque interviste in cui vengono sottolineati gli straordinari aspetti dell'esistenza nel corpo spirituale.

1) Persi il controllo della macchina a una curva e la macchina uscì di strada e saltò in aria e io ricordo di avere visto il cielo e poi la macchina che finiva in una scarpata. Nel momento in cui la macchina uscì di strada mi dissi: « Ecco, un incidente ». A quel punto fu come se perdessi il senso del tempo, e per quanto riguarda il mio corpo persi la mia realtà fisica, persi il contatto col mio corpo. Il mio essere – o il mio ego o il mio spirito, come vuole chiamarlo – lo sentii come uscire da me, dalla testa. E non era doloroso, era come qualcosa che si innalzava e restava sospeso sopra di me.

[Il mio « essere »] sembrava avere una *densità*, ma non una densità fisica; non so, come delle onde o qualcosa del genere, immagino. Niente di corporeo, come se fosse carico di energia. Certo, aveva una consistenza... Piccolo, e sembrava circolare, senza profili rigidi. Lo si potrebbe paragonare a una nuvola... Sembrava quasi avesse un rivestimento suo proprio...

E mentre lasciava il mio corpo pareva che l'estremità più grande uscisse prima, e quella più piccola dopo... Era una sensazione leggera, molto leggera. Non c'era nessun senso di pressione sul mio corpo [fisico]; la sensazione era totalmente separata. Il mio corpo non aveva peso...

Il punto più straordinario di tutta l'esperienza fu quando il mio essere si trovò sospeso sulla mia faccia. Come se stesse decidendo se voleva uscire o restare. E il tempo sembrava essersi fermato. All'inizio e alla fine dell'incidente tutto accadeva molto in fretta, ma in quel preciso momento, mentre il mio essere era sospeso sopra di me e la macchina stava cadendo nella scarpata, sembrava che la macchina non finisse mai di cadere e io non pensavo alla macchina o all'incidente o al mio corpo, ma solo alla mia mente...

Il mio essere non aveva caratteristiche fisiche, ma io devo descriverlo usando termini fisici. Potrei descriverlo in molti modi, con molte parole, ma nessuna sarebbe veramente esatta. È difficile parlarne.

Infine la macchina raggiunse la scarpata e si rovesciò, ma le uniche lesioni che riportai furono una distorsione al collo e dei lividi al piede.

2) [Quando uscii dal mio corpo fisico] fu come se uscissi dal corpo e entrassi in qualcos'altro. Non mi pareva di non essere nulla. Ero in un altro corpo... ma non un normale corpo umano. È un po' diverso. Non era proprio come un corpo umano, ma non era neanche una gran quantità di materia. Aveva una forma, ma non un colore. E so che avevo qualcosa che si potrebbe definire mani.

Non posso descriverlo. Ero troppo affascinato da quanto mi accadeva intorno – vedere il mio corpo e tutto il resto – così non pensavo al corpo in cui mi trovavo. E tutto sembrava svolgersi a una tale velocità... Il tempo non era un elemento – eppure lo era. Sembra che le cose vadano molto più veloci quando si è usciti dal proprio corpo.

3) Ricordo di essere stato portato nella sala operatoria, e le poche ore che seguirono furono quelle critiche. Continuavo a

entrare e uscire dal mio corpo fisico e potevo vederlo standogli sospeso sopra. Ma mentre lo facevo ero sempre in un corpo – non un corpo fisico, piuttosto qualcosa che potrei chiamare una concentrazione di energia. Se dovessi descriverlo direi che era trasparente, un essere spirituale, se il termine « spirituale » è l'opposto di « materiale ». Eppure, aveva parti diverse.

4) Quando il cuore cessò di battere... mi sentii come fossi una palla e forse come fossi una piccola sfera iscritta in quella palla. Il fatto è che non riesco a descriverglielo.

5) Ero uscito dal mio corpo e lo guardavo da circa dieci metri, ma continuavo a pensare, come nella vita fisica. E il punto in cui pensavo si trovava più o meno all'altezza abituale del mio corpo fisico. Non ero in un corpo nel senso proprio del termine. Sentivo però qualcosa, qualcosa come – come una capsula, o una forma del genere, una forma trasparente. Non potevo vederla; sì, era come trasparente, ma non proprio. Era come se semplicemente fossi là – forse un'energia, come una piccola sfera di energia. E non avvertivo nessuna sensazione corporea – temperatura o niente del genere.

Altri hanno parlato di una somiglianza tra la forma del loro corpo fisico e del nuovo corpo: « Sentivo di avere sempre una forma corporea completa, gambe, braccia, tutto – pur essendo senza peso ». E un'altra donna, che osservava il tentativo di rianimazione del suo corpo sospesa subito sotto il soffitto, ricorda: « Ero in un corpo. Mi sporgevo e guardavo giù. Muovevo le gambe e mi sono accorta che una sembrava più calda dell'altra ».

Come è libero il movimento in questo nuovo stato spirituale, così è libero il pensiero. Più volte mi sono sentito ripetere che quando ci si è abituati alla nuova situazione si comincia a pensare in modo più lucido e rapido di come avvenga nell'esistenza fisica.

Sono possibili cose che qui non lo sono. La mente è chiarissima. È piacevole. La mia mente agiva e pensava per me senza che io dovessi riflettere più di una volta alle cose. E tutto quello che provavo giungeva infine ad avere un significato.

Nel nuovo corpo la percezione è a un tempo simile e diversa dalla percezione nel corpo fisico.

Da un lato il corpo spirituale è più limitato. Come abbiamo visto, il senso cinetico, nel significato proprio del termine, è assente. Soltanto in due casi mi è stato detto che era assente anche il senso del caldo e del freddo mentre nella gran maggioranza la gente parla di una gradevole sensazione di « calore ». Nessuno ha mai parlato del gusto e dell'olfatto.

Da un altro lato, i sensi corrispondenti alla vista e all'udito non soltanto sono intatti nel corpo spirituale, ma sembrano potenziati, perfezionati; un uomo ricorda che la vista sembrava incredibilmente più potente: « Non riesco a capire come riuscissi a vedere tanto lontano ». Una donna osserva: « Sembrava che quel senso spirituale non avesse limitazioni, come se potessi guardare comunque e ovunque ».

Ed ecco come riassume il fenomeno una donna che uscì dal proprio corpo in seguito a un incidente:

C'era molto movimento e gente che correva intorno all'ambulanza. E ogni volta che guardavo una persona chiedendomi che cosa stesse pensando, come per uno zoom improvviso mi trovavo là. Ma sembrava che qualcosa di me – lo chiamerò la mente – restasse dove ero prima, a parecchi metri dal mio corpo. Quando volevo vedere qualcuno molto distante, una parte di me, come un razzo tracciante, si recava da quella persona. E mi sembrava che qualsiasi cosa succedesse, in qualsiasi parte del mondo, avrei potuto essere là.

Quanto all'« udito », nel corpo spirituale lo si può chiamare così soltanto per analogia. La maggioranza afferma di non avere sentito voci o suoni, ma piuttosto di aver percepito i pensieri dei presenti; come vedremo più avanti, questa trasmissione diretta del pensiero svolge un ruolo importante nelle fasi successive dell'esperienza di pre-morte.

Una donna da me intervistata osserva:

Potevo vedere la gente e capire quello che diceva. Non la sentivo, come adesso sento lei. Era piuttosto come sapessi quello che stavano pensando, esattamente quello che stavano pensando, ma solo nella mia mente, non nel loro vocabolario. Capivo un momento prima che aprissero bocca per parlare.

Infine, basandomi su un solo e interessantissimo caso, penso di poter affermare che nessuna lesione, per quanto grave, subita dal corpo fisico ha alcun effetto sul corpo spirituale. Mi riferisco a un uomo che perse quasi interamente una gamba nell'incidente conclusosi con la sua morte clinica. Egli ne era consapevole, perché vedeva il suo corpo mentre i dottori operavano, eppure, nel tempo in cui rimase fuori dal corpo,

Potevo sentire il mio corpo, ed era intero. Lo so. Mi sentivo intero, e sentivo che tutto di me era presente, anche se non era così.

In questo nuovo stato incorporeo, il morente è dunque isolato dagli altri. Può vedere gli altri e comprendere i loro pensieri, ma gli altri non possono né vederlo né udirlo. Ogni comunicazione con gli altri esseri umani si interrompe, anche quella attraverso il tatto poiché il corpo spirituale non è un corpo solido. Non c'è dunque da stupirsi se dopo un breve tempo trascorso in quello stato sopravvengono profondi sentimenti di isolamento e solitudine. Un uomo racconta che poteva vedere tutto nell'ospedale – i dottori, le infermiere e gli altri che si dedicavano ai loro diversi compiti. Ma non poteva in alcun modo comunicare con loro e così si sentiva « disperatamente solo ».

Molti altri hanno parlato di questo profondo senso di solitudine:

La mia esperienza – tutte le cose che mi accadevano – era meravigliosa, ma indescrivibile. Volevo che altri fossero insieme a me per conoscere la mia esperienza e sentivo che non sarei mai riuscito a descrivere a nessuno quello che stavo vedendo. Mi sentivo solo poiché desideravo che qualcuno fosse là a dividere con me la mia esperienza. Ma sapevo che nessun altro poteva essere là con me. Ero come in un mondo mio, isolato. E provai un momento di depressione profonda.

O ancora:

Non potevo toccare nulla, non potevo comunicare con nessuno. È un sentimento impressionante, di solitudine profonda. Sapevo di essere completamente solo.

E infine:

Ero stupefatto. Non potevo credere che stesse davvero accadendo. Non ero ansioso o preoccupato; non pensavo cose come: « Oh, povero me, sono morto e i miei genitori sono rimasti soli e soffriranno e io non li vedrò più ». No, non ho mai pensato nulla del genere.

Ero sempre consapevole di essere solo, però, molto solo – come un visitatore da un altro mondo. Come se ogni rapporto fosse interrotto. Lo so – era come se non ci fosse più amore, più nulla. Tutto era così – tecnico. Non capisco, davvero non capisco.

Tuttavia il sentimento di solitudine viene disperso appena il morente penetra più a fondo nell'esperienza di pre-morte; poiché viene il momento in cui altri gli si fanno vicini per aiutarlo nel viaggio che egli sta compiendo. Può trattarsi di altri spiriti, spesso di parenti o amici morti. In molti casi appare un essere spirituale di una natura completamente diversa. Nei prossimi paragrafi parleremo appunto di questi incontri.

L'incontro con altri

Molti hanno detto che mentre morivano – a volte all'inizio dell'esperienza, a volte solo più tardi – hanno avvertito la presenza di altri esseri spirituali vicini a loro, esseri che sembravano giunti per aiutarli nel loro viaggio, oppure, in due casi, per comunicare che non era ancora giunto il tempo della morte e che il morente doveva ritornare nel suo corpo fisico.

Ho conosciuto questa esperienza quando stavo partorendo. Il parto era difficilissimo e avevo perso molto sangue. Il dottore non sperava di salvarmi e disse ai miei parenti che stavo morendo. Tuttavia io rimasi sempre perfettamente consapevole e proprio mentre lui parlava della mia morte mi sentii riprendere. In quell'istante avvertii la presenza di tutti quegli esseri, una moltitudine mi parve, sospesi in aria, vicino al soffitto della camera. Erano tutte persone che avevo conosciuto e che erano già morte. Riconobbi mia nonna e una ragazza che avevo conosciuto a scuola, e molti altri parenti e amici. Credo che vedessi soprattutto le loro facce e riconoscessi la loro presenza. Sembravano tutti felici. Fu un'occasione lieta e io sentivo che erano venuti per proteggermi o guidarmi. Mi pareva di tornare a casa, che loro fossero là per darmi il benvenuto. Sentivo che tutto era leggero e bello. Sì, fu un momento bello e glorioso.

Un uomo ricorda:

Molte settimane prima che rischiassi di morire, un mio amico, Bob, era rimasto ucciso. Nel momento in cui uscii dal corpo ebbi la sensazione che Bob fosse là, proprio vicino a me. Lo vedevo, mentalmente, e sentivo la sua presenza, ma era tutto strano. Non lo vedevo com'era stato in vita, nel suo corpo fisico. Vedevo le cose, ma non nel loro aspetto fisico, eppure con la stessa chiarezza, il suo viso, tutto. Ha un senso tutto questo? Era presente ma non aveva un corpo fisico. Era come un corpo luminoso, trasparente, e io ne avvertivo ogni singola parte – braccia, gambe eccetera – ma non lo *vedevo* fisicamente. Allora non pensai che la cosa era strana perché non avevo bisogno di vederlo con gli occhi. E del resto non avevo occhi.

Continuavo a chiedergli: « Bob, e dove vado adesso? Che cosa è accaduto? Sono o non sono morto? ». E lui non mi rispondeva, non diceva una sola parola. Ma spesso, mentre mi trovavo in ospedale, lui era là e io ripetevo: « Che cosa succede? » e lui non rispondeva. E il giorno in cui i dottori dissero: « Se la caverà » lui se ne andò. Non lo vidi più e non sentii più la sua presenza. Era come se stesse aspettando che io varcassi l'ultima frontiera, e soltanto allora mi avrebbe parlato, mi avrebbe spiegato che cosa stava accadendo.

In altri casi gli spiriti non sono persone che il morente ha conosciuto in vita. Una donna riferisce di aver veduto non soltanto il suo corpo spirituale e trasparente ma anche un altro, di qualcuno che era morto di recente. Non sapeva chi fosse ma fece un'osservazione molto interessante: « Non vedevo quella persona, quello spirito, come una persona di un'età precisa. Neppure io avevo il senso del tempo ».

In pochissimi casi il morente è convinto che gli esseri incontrati siano i suoi « spiriti custodi ». Un uomo apprese dallo spirito: « Ti ho aiutato nel corso della tua esistenza, ma ora ti affiderò ad altri ». Una donna ha detto di avere avvertito la presenza di due spiriti che si definirono: « Aiutanti spirituali ».

In due soli casi, assai simili, gli intervistati mi hanno detto di aver sentito una voce che gli diceva che non erano ancora morti e dovevano tornare indietro.

Ho udito una voce, non una voce umana, ma come un suono che andava oltre il senso fisico dell'udito; mi diceva che cosa dovevo fare – tornare indietro – e non provai paura all'idea di tornare nel mio corpo fisico.

Infine, gli esseri spirituali possono assumere un aspetto più amorfo:

Mentre ero morto, in quel vuoto, parlavo con qualcuno – ma non posso dire di aver parlato con persone fisiche. Eppure sentivo che c'era qualcuno attorno a me, e sentivo la loro presenza e li sentivo muovere, per quanto non potessi vedere nessuno. Di quando in quando parlavo con uno di loro, ma non potevo vederli. E quando mi chiedevo che cosa stesse accadendo, ricevevo sempre una risposta mentale da uno di loro, un pensiero: tutto andava bene, stavo morendo ma tutto sarebbe andato bene. Per questo non mi sono mai sentito angosciato. Ricevevo sempre una risposta a ogni mia domanda. Non lasciarono mai che nella mia mente si facesse il vuoto.

L'essere di luce

L'elemento forse più incredibile nei casi da me studiati, e senza dubbio quello che ha l'effetto più profondo sugli individui, è l'incontro con una luce chiarissima. All'inizio la luce è generalmente incerta, ma diventa sempre più vivida fino a raggiungere uno splendore sovrumano. Tuttavia, per quanto questa luce (generalmente definita bianca o « chiara ») sia di un'indescrivibile luminosità, molti sottolineano che non offende in alcun modo la vista, né li abbaglia, né impedisce di vedere le altre cose (forse perché a quel punto non esistono più occhi nel senso fisico, che possano venir abbagliati).

Malgrado l'insolita manifestazione della luce, nessuno ha mai dubitato che si tratti di un essere, un essere di luce. E non soltanto un essere, ma un essere personale. Con una personalità ben definita. L'amore e il calore che il morente sente emanare dall'essere di luce sono assolutamente inesprimibili e il morente se ne sente completamente circondato, si sente completamente sereno e accettato alla presenza dell'essere. Prova verso la luce una irresistibile attrazione magnetica.

È interessante notare che mentre la descrizione dell'essere di luce non varia da una persona all'altra, l'identificazione cambia da individuo a individuo e sembra essenzialmente legata all'ambiente, all'educazione o alla fede religiosa. Così, la maggioranza dei cristiani identifica la luce con Cristo e spesso si serve di paragoni tratti dalla Sacra Scrittura per avvalorare la sua interpretazione. Un uomo e una donna ebrei identificarono nella luce « un angelo »; ma non intendevano davvero parlare di un essere con le ali, che suonava l'arpa, o semplicemente di un essere dalla forma umana. Avevano visto soltanto la luce. Intendevano spiegare che vedevano nell'essere un emissario, una guida. Un uomo che non aveva, prima dell'esperienza di pre-morte, né educazione né fede religiosa, definì quello che aveva visto semplicemente « un essere di luce ». E lo stesso fece una donna di fede cristiana che evidentemente non sentì alcun impulso a chiamare la luce « Cristo ».

Poco dopo la sua apparizione l'essere comincia a comunicare con il morente. La comunicazione avviene al modo di quella già descritta tra la persona entrata nel corpo spirituale e gli altri attorno a lei di cui può afferrare i pensieri. Anche in questo caso tutti affermano di non aver sentito l'essere pronunciare parole o suoni distinguibili e di non aver risposto attraverso suoni o parole udibili. Si parla piuttosto di una diretta trasmissione del pensiero, senza limiti né ostacoli, con una chiarezza che esclude nel modo più assoluto la possibilità di fraintendere o di mentire alla luce.

Inoltre, la reciproca trasmissione non avviene nella lingua della persona morente, che comprende perfettamente, ma non ha in seguito la possibilità di tradurre nella sua lingua i pensieri e lo scambio di pensieri conosciuti mentre era prossima alla morte.

La fase successiva dell'esperienza di pre-morte illustra chiaramente la difficoltà di traduzione da quel linguaggio non verbale. L'essere dirige quasi immediatamente un pensiero al morente alla cui presenza è apparso. Le persone con le quali ho parlato cercano di tradurre il pensiero in una domanda. « Sei preparato alla morte? », « Sei pronto a morire? », « Che cosa hai fatto nella tua vita che tu possa mostrarmi? », e « Che cosa hai fatto nella tua vita che ti sembri sufficiente? » sono tra le domande che mi sono state più spesso riferite. Le prime due domande, che sottolineano l'importanza della « preparazione », possono a prima vista sembrare diverse dalle altre due, che sottolineano l'importanza di quel che si è fatto. Tuttavia, la mia idea che in realtà i due gruppi di domande intendano esprimere lo stesso pensiero trova sostegno nel racconto di una donna che si è espressa così:

La prima cosa che mi disse fu – in un certo senso mi chiese se ero pronta a morire o che cosa avevo fatto nella mia vita che volevo mostrargli.

Inoltre, anche nel caso in cui il tentativo di formulare con parole umane la « domanda » si risolve in modi più insoliti, approfondendo il significato si comprende che la sostanza è la stessa. Un uomo mi ha detto che durante la sua « morte »

La voce mi ha rivolto una domanda: « Ne è valsa la pena? ». E voleva dire se la vita che avevo condotto mi sembrava, ora che sapevo quello che sapevo, degna di essere vissuta.

Incidentalmente, tutti sottolineano il fatto che la domanda, per quanto definitiva e profonda nel suo impatto emotivo, non suona mai come una condanna. L'essere non rivolge la domanda per accusare o minacciare, perché il morente continua a sentire da parte della luce un amore e un'accettazione totali, indipendentemente dalla risposta. La domanda sembra piuttosto intesa a far riflettere il morente alla sua vita. In un certo senso è una domanda socratica, rivolta non per ottenere un'informazione ma per aiutare l'altro ad avviarsi da solo sul sentiero della verità.

Osserviamo ora alcune descrizioni dell'essere:

1) I dottori dissero che ero morto, proprio quando io cominciai a sentirmi cadere, fluttuando in una specie di spazio buio, come un recinto. Non ci sono parole per descriverlo. Tutto era assolutamente buio; soltanto, lontano da me, vedevo una

luce. Una luce molto, molto brillante, ma all'inizio di piccole dimensioni. Come mi avvicinavo diventava più vasta.

Infine mi ritrovai a cercare di raggiungere la luce, perché sentivo che era Cristo e cercavo di arrivare al punto in cui si trovava. Non era un'esperienza che mi spaventasse. Era piuttosto piacevole. Perché, immediatamente, dato che sono cristiano, avevo collegato quella luce con Cristo che si è definito « La luce del mondo ». Mi sono detto: « Se questa è la morte, allora so chi mi attende, là in quella luce ».

2) Mi alzai e camminai nell'atrio per andare a bere qualcosa e fu proprio in quell'istante, come scoprirono poi, che l'appendice si perforò. Mi sentii debolissimo e caddi. Mi pareva di andare alla deriva, sentii un moto del mio vero essere che entrava e usciva dal mio corpo, e udii una musica gradevole. Ondeggiai lungo l'atrio e uscii sulla veranda. Là mi parve che delle nuvole, o piuttosto una nebbiolina rosata mi si addensasse attorno e allora io attraversai la parete della veranda, come se non esistesse, e poi mi ritrovai in una luce chiara come il cristallo, bianca e luminosa. Era bella, e risplendente, radiosa, ma non mi abbagliava lo sguardo. Non una luce che si possa descrivere in termini umani. Non posso dire di aver veduto una persona in quella luce eppure ha una sua identità, senza dubbio. È una luce di assoluta comprensione e di assoluto amore.

Sentii venire dalla luce il pensiero: « Mi ami tu? ». Non era formulato proprio come una domanda, immagino che il senso di quello che la luce diceva fosse: « Se mi ami torna indietro e continua quello a cui hai dato principio nella tua vita ». E per tutto il tempo mi sentii come avvolto da un amore, una compassione che vinceva tutto.

3) Sapevo che stavo morendo e che non potevo farci nulla perché nessuno poteva sentirmi... Ero fuori dal corpo, su questo non ho dubbi, perché potevo vedere il mio corpo sul tavolo operatorio. La mia anima ne era fuori! Dapprima mi sentii male per questo, ma poi venne quella luce chiarissima. Dapprima sembrava pallida, ma poi divenne un raggio potente. Una enorme quantità di luce, non come una forte luce elettrica, era troppa

luce. E da quella luce emanava calore; sentivo un senso di calore.
Era di un giallo biancastro luminoso – no, quasi bianco. Luminosissima; ma non posso descriverla. Sembrava invadere tutto, eppure non mi impediva di vedere le cose attorno a me: la sala operatoria, i dottori e le infermiere, tutto. Vedevo chiaramente e la luce non mi accecava.

Dapprima, quando venne la luce, non capivo bene che cosa stesse accadendo, ma poi la luce mi chiese, fu come se mi chiedesse, se ero pronto a morire. Era come parlare con una persona, ma nella luce non c'era una persona. Era la luce che mi parlava, ma con una *voce*.

Ora, credo che la voce che mi parlava sapesse bene che io non stavo davvero per morire. Era piuttosto come se mi mettesse alla prova. Eppure, dal momento in cui la luce mi parlò, mi sentii proprio bene – sicuro e circondato dall'amore. L'amore che veniva dalla luce è inimmaginabile, indescrivibile. Era una persona con cui era divertente stare! E aveva senso dell'umorismo – sì, lo aveva!

L'esame della propria vita

L'apparire della luce e le sue domande non verbali costituiscono il preludio a un momento di stupefacente intensità nel quale l'essere presenta al morente una panoramica della sua vita. Spesso appare ovvio che l'essere può vedere l'intera vita dell'individuo morente e non ha bisogno di alcuna informazione. Vuole soltanto provocare in lui la riflessione.

Non è possibile descrivere il riepilogo della vita se non in termini di ricordo, poiché il ricordo è il fenomeno umano che più si avvicina alla cosa, ma in realtà ha caratteristiche che lo differenziano dal ricordo. Innanzi tutto, avviene con una rapidità straordinaria. I ricordi, quando vengono descritti in termini temporali, si susseguono rapidamente, in ordine cronologico. Altri non parlano di ordine cronologico: il ricordo è stato per loro istantaneo; tutto è apparso contemporaneamente e loro hanno potuto comprendere e assimilare tutto con un unico sguardo mentale. Ma comunque venga espressa, l'esperienza, su questo tutti sembrano concordare, si esaurisce in un istante di tempo terreno.

Eppure, a dispetto di tanta rapidità, tutti dichiarano che il riepilogo della propria vita, descritto quasi sempre come un susseguirsi di immagini, è incredibilmente vivido e reale. In alcuni casi le immagini vengono descritte a colori, colori vibranti, a tre dimensioni, e in movimento. E anche se le immagini passano rapidamente, ogni singola immagine viene percepita e riconosciuta. Anche le emozioni, i sentimenti associati con le varie immagini possono venir nuovamente sperimentati.

Alcune delle persone da me intervistate dichiarano che non possono spiegare in modo adeguato la cosa ma che in quella panoramica della loro vita passava tutto quanto avevano fatto, dall'esperienza più insignificante alla più fondamentale. Altri dicono di aver visto soltanto le tappe essenziali della loro vita. Altri ancora mi hanno detto di essere stati in grado di ricordare con incredibile precisione gli eventi della loro vita anche qualche tempo dopo l'esperienza di pre-morte.

Alcuni definiscono il riepilogo come un mezzo educativo usato dall'essere di luce. Mentre guardano passare la loro vita, l'essere sottolinea l'importanza di due cose: imparare ad amare gli altri e acquisire la conoscenza.

Ma è tempo di osservare una descrizione tipica di questa fase dell'esperienza.

Al suo apparire la luce mi disse: « Che cosa hai da mostrarmi di quanto hai fatto della tua vita? » o qualcosa che aveva lo stesso significato. E proprio allora cominciarono tutti quei flashback. Pensai: « Ma guarda un po', che cosa succede? », perché, di colpo, mi ritrovai nella mia prima infanzia. E da quel momento fu come se passassi dai primi tempi della mia vita, anno dopo anno, fino al tempo presente.

Era strano come tutto cominciò, dal momento in cui ero una bambina che giocava vicino a un torrente, e c'erano altre scene di quel periodo – esperienze avute con mia sorella e particolari che riguardavano i vicini e posti in cui ero stata. E poi mi rivedevo all'asilo e ricordavo il tempo in cui avevo avuto un giocattolo che amavo molto e lo avevo rotto e avevo pianto tanto. Per me era stata un'esperienza traumatica. Le immagini continuavano e io ricordavo quando ero entrata a far parte delle Guide e andavo a fare i campeggi, e poi ancora molti anni della scuola. Poi quando ero alle medie ed era un onore essere scelti per la festa di fine d'anno, e ricordai quando venni scelta. E poi continuai a ricordare tutti gli anni della mia carriera scolastica, fino ai primi anni di college, il momento presente.

Le immagini seguivano l'ordine cronologico della mia vita ed erano straordinariamente vivide: era come se fossi uscita fuori e le avessi viste vere, a colori e a tre dimensioni. E si muovevano. Per esempio, quando mi vidi rompere il giocattolo, vedevo tutti i movimenti. Non era come se rivedessi le cose nella prospettiva in cui le vedevo allora. Era come se la bambina che vedevo fosse qualcun altro, in un film, una bambina tra le tante che giocavano nel cortile della ricreazione. Eppure ero io. Mi vedevo fare quei gesti, ed erano i gesti che avevo realmente compiuto perché li ricordo bene.

Ora, non vedevo proprio la luce mentre mi passavano davanti agli occhi quelle immagini. La luce era sparita subito dopo avermi chiesto che cosa avevo fatto, quando erano cominciati i flashback, eppure io sapevo che l'essere di luce era sempre là con me e mi guidava attraverso i flashback, perché sentivo la sua presenza e perché faceva commenti di quando in quando. Voleva sottolineare qualcosa in ognuna di quelle scene. Non sembrava volesse vedere che cosa avevo fatto – lo sapeva già – ma estraeva dalla mia vita passata quelle scene particolari e me le metteva davanti agli occhi perché io le ricordassi.

E per tutto il tempo, sottolineava l'importanza dell'amore. I punti in cui soprattutto me la dimostrava erano quelli che riguardavano anche mia sorella; le sono sempre stata molto vicina. Mi mostrava alcuni casi in cui ero stata egoista con lei, ma anche altrettanti momenti in cui le avevo dimostrato affetto e avevo diviso con lei qualcosa. Mi faceva capire che dovevo cercare di fare qualcosa per gli altri, cercare di fare del mio meglio. Ma non c'era in tutto questo nessuna accusa. Quando giungeva ai momenti in cui ero stata egoista, sembrava dire soltanto che anche da quelle esperienze avevo imparato qualcosa.

Sembrava molto interessato anche ai momenti che riguardavano l'apprendimento, il sapere. Sottolineava le cose che avevano a che fare con l'imparare e diceva che avrei continuato a imparare e ha detto che anche quando tornerà per me (perché a quel punto mi aveva detto che sarei tornata indietro) ci sarà sempre un'ansia di sapere. Ha detto che imparare è un processo continuo sicché mi è parso che continui anche dopo la morte. Credo che cercasse di insegnarmi, mentre io vedevo quei flashback.

Tutto era molto strano. Ero là; vedevo quei flashback; passavo davanti a loro e tutto era molto veloce. Eppure era tanto lento da permettermi di capire tutto. Ma il tempo complessivo non era molto, non credo. Sembrava soltanto che la luce fosse venuta, che io avessi visto tutti quei flashback e poi la luce fosse tornata. Sembrava fossero passati in tutto meno di cinque minuti e più di trenta secondi, ma non saprei dirglielo con precisione.

Il solo momento in cui provai paura fu quando mi preoccupai di non essere in grado di concludere qui la mia vita. Ma percorrere quei flashback era piacevole Era divertente. Era gradevole tornare alla mia infanzia, quasi rivivendola. Era un modo di tornare indietro e vedere il passato che non è possibile in questa vita.

Va detto che in alcuni casi il riepilogo della propria vita avviene anche senza l'apparizione dell'essere di luce. Tuttavia, nei casi in cui l'essere di luce « indirizza e dirige » il ricordo, l'esperienza sembra molto più profonda. Ma è quasi sempre altrettanto rapida e vivida e altrettanto precisa, indipendentemente dall'apparizione dell'essere di luce e indipendentemente dal fatto che abbia luogo durante una vera « morte » o durante un rischio di morte.

Dopo tutti quei suoni e dopo aver attraversato quel luogo lungo e buio, al termine della galleria erano presenti tutti i miei pensieri infantili, tutta la mia vita, che mi passavano rapidamente davanti. Non si poteva parlare tanto di immagini, quanto piuttosto di pensieri. Non so descriverle esattamente la cosa, ma era tutta là la mia vita. Era tutta là contemporaneamente, voglio dire, non una cosa alla volta, che compariva e poi scompariva, ma tutto, tutto in una volta sola. Pensavo a mia madre, alle cose che avevo sbagliato. Dopo aver visto i dispetti infantili e aver pensato a mia madre e a mio padre, mi augurai di non aver fatto quelle cose e di poter tornare indietro a disfarle.

Nei due esempi che seguono non c'era stata morte clinica ma una malattia o una lesione gravissima.

La situazione precipitò all'improvviso. Avevo avuto una febbre leggera e non mi ero sentito bene per due settimane circa, ma quella notte mi aggravai rapidamente e mi sentii molto peggio. Ero a letto e ricordo di aver cercato di svegliare mia moglie per dirle che stavo molto male, ma mi fu impossibile muovermi. Poi mi sentii in un vuoto buio, assolutamente buio, e tutta la mia vita mi passò rapidamente davanti. Cominciò quando avevo sei o sette anni, e ricordai un amico che avevo a scuola. Poi passai dalle elementari alle medie fino all'università e fino alla mia attuale pratica di dentista.

Sapevo che stavo per morire e ricordo di aver pensato che volevo fare qualcosa per provvedere alla mia famiglia. Ero angosciato all'idea di morire e al pensiero di azioni che avevo compiuto in vita che rimpiangevo di aver fatto e di altre che rimpiangevo di non aver portato a termine.

Quel flashback assumeva la forma di immagini mentali, direi, ma assai più vivide di normali immagini. Vedevo soltanto i momenti salienti, ma era tutto tanto rapido che sembrava di sfogliare un volume in cui fosse racchiusa tutta la mia vita, e di poterlo fare in pochi secondi. Mi passava davanti agli occhi come una pellicola accelerata, eppure potevo vedere tutto benissimo, e comprendere tutto. Ma insieme alle immagini non tornavano le emozioni provate un tempo, perché era tutto troppo rapido.

Non ho visto niente altro durante la mia esperienza. Tutto era soltanto oscurità, a parte le immagini. Eppure sentivo la presenza di un essere estremamente potente – un essere che era solo amore – accanto a me durante la mia esperienza.

È davvero interessante. Quando mi ripresi potevo parlare con chiunque di ogni particolare della mia vita. È un'esperienza memorabile, ma è difficile esprimerla attraverso le parole, perché tutto accade tanto rapidamente, eppure è tanto chiaro.

Così un giovane veterano ricorda il riepilogo della sua vita:

Mentre combattevo nel Vietnam venni ferito e « morii » in seguito alle ferite; eppure sapevo benissimo, mentre « morivo », che cosa mi stava accadendo. Ero stato colpito sei volte da un fucile mitragliatore, e non provavo alcuno sconvolgimento. Al contrario, mi sentii mentalmente sollevato quando venni ferito. Ero perfettamente a mio agio e non c'era nulla di spaventoso.

Al momento della ferita la mia vita divenne come un film che mi passava davanti, e sembrava potessi tornare al tempo della prima infanzia, e le immagini seguivano progressivamente tutta la mia vita.

Potevo ricordare tutto: tutto era tanto vivido. Mi passava davanti dai primi ricordi infantili fino al momento presente, e tutto in breve tempo. E non era affatto sgradevole; guardavo tutto senza rimpianti, senza rimorsi.

Il miglior paragone che possa trovare è una serie di fotografie, di diapositive. Come se qualcuno mi proiettasse velocemente davanti delle diapositive.

Ed ecco il caso di un imminente pericolo di morte, ma senza lesioni:

L'estate del primo anno di college mi misi a lavorare come camionista. E faticavo a non addormentarmi al volante. Una mattina, presto, stavo facendo un viaggio molto lungo e ero mezzo addormentato. L'ultima cosa che ricordo è un segnale; poi mi assopii e so di aver sentito un terribile stridore, e la gomma esterna di destra scoppiò e poi, a causa del peso e dell'ondeggiare del camion, scoppiarono anche le gomme di sinistra e il camion si rovesciò su un fianco e scivolò lungo la strada verso un ponte. Ero terrorizzato perché sapevo che cosa stava succedendo. Sapevo che il camion avrebbe urtato contro il ponte.

Ebbene, mentre il camion correva verso il ponte, io pensavo a tutte le cose che avevo fatto. Vedevo soltanto alcune cose, i momenti salienti, ed era tutto tanto reale. La prima cosa che ricordai fu quando seguivo mio padre lungo la spiaggia: avevo allora due anni. E poi altre cose, in ordine cronologico, dei miei primi anni, e poi ricordai quando avevo rotto la macchinetta nuova che avevo avuto a Natale, a cinque anni. Ricordai quando avevo pianto, il primo giorno di scuola, con quell'allegro impermeabile giallo che mi aveva comprato la mamma. Ricordai qualcosa di ogni anno della scuola elementare. Tutti i miei insegnanti e qualcosa di particolare per ogni anno. Poi passai alle scuole medie, al lavoro in un magazzino, e poi giunsi al momento attuale, prima di iniziare il secondo anno di college.

Tutte queste cose, e molte altre, mi attraversavano velocemente il pensiero. Credo che tutto durasse non più di un secondo. E poi finì e io ero in piedi e guardavo il camion e credevo di essere morto, di essere un angelo. Cominciai a darmi dei pizzicotti per vedere se ero vivo, se ero un fantasma o cos'ero.

Il camion era un rottame, ma io non avevo nessuna ferita. Dovevo essere stato proiettato fuori dal parabrezza perché il vetro era tutto fracassato. Quando mi ripresi un po' pensai che era strano che quelle cose che mi erano accadute, che si erano in qualche modo scolpite in me, mi avessero attraversato la mente in quel momento di crisi. Probabilmente potrei pensare a tutte quelle cose e immaginarle tutte anche adesso, ma mi ci vorrebbero almeno quindici minuti. Eppure allora passò tutto in una volta sola, automaticamente e in meno di un secondo. Era strabiliante.

Il confine

Vi sono stati alcuni casi in cui mi è stato descritto un confine, un limite, o qualcosa di analogo. Si è trattato volta a volta di una distesa d'acqua, di una nebbia grigia, di una porta, di una siepe che attraversava un campo, o semplicemente di una linea. Per quanto si tratti soltanto di un'ipotesi vaga, è lecito chiedersi se non esista un'idea o un'esperienza unica alla base delle immagini. Se così fosse, le versioni diverse rappresenterebbero soltanto diversi modi di interpretare, esprimere o ricordare l'esperienza base.

Osserviamo ora alcune testimonianze in cui l'idea del confine ha un ruolo preminente.

1) « Morii » di infarto e mentre « morivo » mi trovai in un campo. Era bello e tutto era di un verde intenso – un verde introvabile sulla terra. C'era luce – una luce bella, esaltante –

che mi circondava. Guardavo innanzi a me, nel campo, e vidi una siepe. Cominciai ad avvicinarmi alla siepe e vidi un uomo dall'altro lato della siepe che pure vi si avvicinava come per incontrarmi. Volevo raggiungerlo, ma mi sentii trascinare indietro, irresistibilmente. E in quell'istante vidi anche l'uomo voltarsi e tornare indietro nella direzione opposta, di là dalla siepe.

2) L'esperienza ebbe luogo durante la nascita del mio primo figlio. All'ottavo mese di gravidanza mi venne quello che il dottore chiamò uno stato tossico consigliandomi di entrare in ospedale dove avrebbe provocato il parto. Subito dopo la nascita del bambino ebbi una violenta emorragia e il dottore faticò molto a fermarla. Ero consapevole di quello che stava accadendo perché, essendo io stessa infermiera, capivo che pericolo corressi. Poi persi conoscenza e sentii un rumore fastidioso, come un ronzio. Mi parve di trovarmi su una nave o su un piccolo vascello in viaggio verso la riva opposta di una vasta distesa d'acqua. Sull'altra sponda vedevo tutti i miei cari defunti: mia madre, mio padre, mia sorella e altri ancora. Li vedevo, vedevo i loro volti com'erano quando erano sulla terra. Sembrava mi facessero cenno di raggiungerli e io dicevo: « No, no, non sono ancora pronta a raggiungervi. Non voglio morire. Non sono pronta ad andarmene ».

Era un'esperienza stranissima perché contemporaneamente vedevo le infermiere e i dottori che si davano da fare per arrestare l'emorragia – mi pareva di essere una spettatrice e non la persona, il corpo, che loro curavano. Cercavo con tutte le mie forze di dire al dottore: « Non morirò » ma nessuno mi sentiva. Tutto – i dottori, le infermiere, la sala parto, la nave, l'acqua, la spiaggia sull'altra riva – tutto sembrava un agglomerato. Era tutto insieme, come se una scena fosse sovrapposta all'altra.

Infine la barca raggiunse quasi la spiaggia opposta, ma proprio prima di toccarla si volse e tornò indietro. Riuscii finalmente a comunicare con il dottore e gli stavo dicendo: « Non morirò ». Credo sia stato allora che mi sono ripresa e il dottore spiegò che cosa era accaduto: avevo avuto un'emorragia e credevano che io fossi perduta, ma ora ero fuori pericolo.

3) Ero stato ricoverato in ospedale a causa di una grave disfunzione renale e rimasi in coma per una settimana circa. I dottori dubitavano di potermi salvare. Mentre ero in coma, mi parve di venir sollevato, come se non avessi un corpo fisico. Mi apparve una luce bianca e brillante. La luce era tanto brillante che non potevo vedere nulla attraverso ma la sua presenza era rasserenante, meravigliosa. Non c'è sulla terra nulla di paragonabile. In presenza della luce, mi giunsero alla mente queste parole, o pensieri: « Vuoi morire? ». E io risposi che non lo sapevo perché non sapevo niente della morte. Allora la luce disse: « Oltrepassa questa linea e saprai ». Sapevo dove fosse la linea, davanti a me, anche se non potevo vederla. Mentre oltrepassavo la linea venni preso dai sentimenti più meravigliosi: di pace, di tranquillità, di liberazione da ogni ansia.

4) Avevo avuto una crisi cardiaca e mi trovai in una vuota oscurità e sapevo di essermi lasciata dietro il corpo fisico. Sapevo che stavo morendo e pensai: « Dio, ho fatto sempre tutto quello che ho potuto. Ti prego, aiutami ». Subito uscii da quell'oscurità, attraverso una pallida luce grigia, e continuai ad andare avanti, scivolando e muovendomi in fretta, e di fronte a me, lontano, vedevo una nebbia grigia e correvo verso di lei. Mi sembrava di non andare mai abbastanza veloce e come mi avvicinavo alla nebbia potevo vedervi attraverso. Oltre la nebbia c'era gente e tutti erano come sono sulla terra e vidi anche qualcosa di simile a edifici. Tutto era avvolto in una luce straordinaria: un vivo, dorato splendore, ma un colore soffice, non come il color oro abbagliante che conosciamo sulla terra.

Avvicinandomi, sentii con sicurezza che stavo per attraversare la nebbia. Era una sensazione meravigliosa, gioiosa: non ci sono parole per descriverla. Ma non era venuta la mia ora perché di colpo, dall'altro lato, apparve mio zio Carl, morto da molti anni. Mi sbarrò il passo dicendo: « Torna indietro; il tuo lavoro sulla terra non è ancora compiuto. Torna ora ». Non volevo tornare indietro, ma non avevo scelta e subito mi ritrovai nel mio corpo. Avvertii un dolore terribile al petto e sentii il mio bambino che piangeva: « Dio, ridammi la mia mamma ».

5) Venni portato in ospedale per quella che definivano una gravissima « infiammazione » e il dottore disse che non ce l'avrei fatta. Chiamò i miei parenti dicendo che non avrei vissuto ancora per molto. Vennero e si radunarono attorno al mio letto, il dottore pensava che io stessi morendo e loro sembravano allontanarsi da me. Sembrava che fossero loro a ritrarsi da me e non io ad allontanarmi da loro. Tutto si faceva sempre più spento e opaco, ma li vedevo. Poi persi conoscenza e non mi parve di sapere più nulla di quello che accadeva nella sala dell'ospedale; mi trovavo invece in una specie di corridoio stretto, a v, largo più o meno come questa sedia. Ci entravo appena, con le braccia abbandonate lungo il fianco. Ci entrai a testa in giù ed era buio, buio. Continuavo ad avanzare, a capofitto, e guardai in su e vidi una bella porta, lucida, senza maniglia. Agli angoli della porta vedevo una luce vivissima, raggi di luce a fiotti come se tutti fossero felici là, e ballassero e si muovessero. Sembrava ci fosse molto da fare là dentro. Guardai in alto e dissi: « Signore, eccomi. Se mi vuoi, prendimi ». E mi rimandò indietro tanto in fretta che mi parve di restare senza fiato.

Il ritorno

Com'è ovvio, le persone con le quali ho parlato a un determinato momento della loro esperienza sono « tornate indietro ». Generalmente, tuttavia, il loro atteggiamento era a quel punto mutato in modo assai interessante. I sentimenti più comuni descritti nei primi momenti successivi alla morte sono un disperato desiderio di tornare nel corpo e un profondo rimpianto per la propria morte. Ma quando il morente si è inoltrato nella sua esperienza, non vuole tornare indietro e a volte cerca addirittura di non rientrare nel corpo fisico. Questo accade soprattutto a quanti sono giunti alla fase in cui incontrano l'essere di luce. « Non volevo, assolutamente non volevo lasciare la presenza di quell'essere » ha sottolineato vigorosamente un uomo.

Le eccezioni a questa regola sono spesso solo apparenti. Molte donne che al tempo della loro esperienza erano madri di bambini piccoli mi hanno detto che mentre *per loro stesse* avrebbero preferito rimanere dove erano giunte, si sentivano in dovere di cercare di tornare per allevare i bambini.

Mi chiedevo se dovessi restare là, ma mentre me lo chiedevo pensai alla mia famiglia, i miei tre bambini e mio marito. È la cosa più difficile da spiegare: mentre provavo quella sensazione meravigliosa, in presenza della luce, non volevo davvero tornare indietro. Ma prendo molto sul serio le mie responsabilità e sapevo di avere dei doveri verso la mia famiglia. Così decisi di tentare il ritorno.

In molti altri casi le persone da me intervistate mi hanno detto che, pur sentendosi a loro agio e felici e serene nel nuovo stato incorporeo, erano liete di poter tornare alla vita fisica perché avevano lasciato compiti importanti da portare a termine. In qualche caso, si trattava del desiderio di terminare la propria istruzione.

Avevo passato tre anni al college e me ne restava uno soltanto. Continuavo a pensare: « Non voglio morire adesso ». Ma se l'esperienza fosse durata ancora qualche minuto, se fossi rimasto ancora solo per poco in presenza della luce, so che non avrei pensato più alla mia istruzione: sarei stato preso interamente dalle altre cose che venivo conoscendo.

Nelle testimonianze che ho raccolto il modo e il perché del ritorno alla vita fisica variano sensibilmente da individuo a individuo. I più dicono di non sapere come e perché siano tornati indietro, o di poter soltanto fare congetture. Pochi sono convinti che l'elemento determinante sia stata la loro decisione di rientrare nel corpo e ritornare alla vita terrena.

Ero fuori dal corpo e capivo che dovevo prendere una decisione. Sapevo di non poter restare fuori dal corpo per molto tempo, così – per gli altri è difficilissimo da capire ma per me allora era molto chiaro – sapevo anche di dover decidere se andare avanti o tornare indietro.

Là, sull'altro lato, era meraviglioso e io volevo restare. Ma sapere che avevo qualcosa di buono da fare sulla terra era in certo modo altrettanto meraviglioso. Così pensavo: « Sì, devo tornare indietro e vivere » e rientrai nel mio corpo fisico. Mi parve di aver fermato proprio io il flusso del sangue. In ogni caso fu allora che cominciai a riprendermi.

Altri sentono che è stato « Dio » o l'essere di luce a *concedergli* di vivere: per esaudire una loro richiesta (generalmente perché questa è stata formulata in uno spirito di generosità e non di egoismo) o perché Dio, o l'essere, ha un compito da affidargli.

Ero sospesa sopra la tavola operatoria e vedevo tutto quello che mi stavano facendo. Sapevo che stavo morendo. Ma ero preoccupata per i miei bambini: chi si sarebbe preso cura di loro? E per questo non ero pronta ad andarmene. Il Signore mi ha permesso di vivere.

Un uomo ricorda:

Dio è stato davvero buono con me: ero morto e ha permesso che i dottori mi rianimassero, per uno scopo preciso. Aiutare mia moglie, credo fosse lo scopo, perché lei beveva e so che senza di me non ce l'avrebbe fatta a smettere. Adesso però sta meglio e credo che questo abbia avuto molto a che fare con la mia esperienza.

Una giovane madre pensa che

Il Signore mi rimandò alla vita, ma non so perché. So che Lui era là e che mi ha riconosciuto e sapeva chi ero. Ma non ha ritenuto opportuno farmi entrare in Cielo; non so perché. Ci ho pensato molto da allora e credo che fosse o perché avevo due bambini da allevare o perché non ero ancora pronta. Continuo a cercare la risposta e non la trovo.

In pochi casi il ritorno alla vita, indipendentemente dai desideri personali, è attribuito all'amore o alle preghiere di altri:

Ero con mia zia durante la sua recente malattia. Aiutavo a curarla e sempre tutti in famiglia pregavano perché lei guarisse. Più di una volta le si arrestò il respiro, ma la salvarono sempre. Infine un giorno mi guardò e mi disse: « Joan, sono stata là, nell'aldilà, ed è bello. Voglio restarvi ma non posso finché voi continuate a pregare perché io rimanga sulla terra. Le vostre preghiere mi trattengono qui. Per piacere, smettete di pregare ». Smettemmo tutti di pregare e poco dopo lei morì.

Una donna mi ha detto:

Il dottore mi aveva già dato per morta, ma io sopravvissi. L'esperienza che avevo attraversato era tuttavia così gioiosa da non lasciarmi alcuna sensazione sgradevole. Mentre rientravo in me aprii gli occhi e mia sorella e mio marito mi videro. Vedevo la loro gioia e le loro lacrime. Capivo che era una gioia per loro che io fossi tornata in vita. Mi pareva di essere stata richiamata in vita – come attratta da una calamita – dall'amore di mia sorella e di mio marito. Da allora credo che altri possano ricondurci in vita.

In più di un caso la gente afferma di essere stata

riportata indietro attraverso lo spazio buio che ha percorso all'inizio. Un uomo, per esempio, ricorda di essere stato condotto lungo una valle buia. Sentiva di essere vicino alla fine del viaggio quando udì alle sue spalle chiamare il proprio nome. E venne ricondotto indietro lungo lo stesso spazio.

Pochi avvertono il momento preciso in cui rientrano nel corpo fisico. La maggioranza dice di aver semplicemente sentito, al termine dell'esperienza, di essersi « addormentata » o di essere caduta in uno stato di incoscienza, per risvegliarsi poi nel corpo fisico.

Non ricordo di essere rientrato nel mio corpo. È stato come volare via, addormentarmi e poi di colpo svegliarmi dove ero prima e ritrovarmi nel letto. La gente nella stanza non si era mossa dal punto in cui si trovava quando io ero fuori dal corpo e guardavo gli altri e il mio corpo.

Tuttavia alcuni ricordano di essere stati ricondotti velocemente verso il loro corpo fisico, spesso con uno scatto brusco, al termine della loro esperienza.

Ero in alto, vicino al soffitto, e li guardavo mentre si davano da fare per rianimarmi. Quando mi misero gli elettrodi sul petto e il mio corpo sussultò, io ricaddi sul mio corpo fisico come un peso morto. E capii allora di essere rientrata nel mio corpo.

E ancora

E decisi di tornare indietro e quando lo feci fu come un sussulto, un salto che mi fece rientrare nel mio corpo, e sentii che proprio in quel momento ritornavo alla vita.

Nei pochissimi casi nei quali è descritto con maggiori particolari si afferma che il ritorno ha luogo attraverso la testa:

Il mio « essere » sembrava avere un'estremità più grande e una più piccola e alla fine dell'incidente, dopo essere stato sospeso sulla mia testa, vi rientrò. Quando aveva lasciato il corpo fisico era parso che l'estremità più grande fosse uscita per prima, ma al ritorno fu quella più piccola a rientrare per prima.

Ed ecco un'altra testimonianza:

Quando li vidi prendere il mio corpo e sollevarlo da sotto il volante, di colpo mi sentii come trascinato, aspirato attraverso uno spazio stretto, una specie di tubo. Era buio là dentro e io mi muovevo in fretta, verso il mio corpo. Il mio corpo mi risucchiava e sembrava che il movimento partisse dalla testa, che io rientrassi dalla testa. Non mi pareva di poterci fare niente, né di avere il tempo di pensarci. Ero là, lontano alcuni metri dal mio corpo, e di colpo era tutto finito. Non ho avuto neppure il tempo di dirmi: « Il mio corpo mi sta risucchiando ».

Dopo il ritorno alla vita, i sentimenti e le sensazioni associate con l'esperienza di pre-morte indugiano ancora per qualche tempo.

1) Dopo il rientro nel corpo continuai a piangere per una settimana, perché dovevo vivere in questo mondo dopo aver veduto l'altro. Non volevo tornare nel mio corpo.

2) Quando rientrai nel mio corpo portai con me qualcuna delle sensazioni meravigliose provate là. Durarono parecchi giorni. Anche adesso mi accade a volte di provarle.

,lla sensazione era indescrivibile. In un certo senso è rimasta in me. Non l'ho mai dimenticata e spesso ci penso ancora.

Il racconto dell'esperienza

È necessario sottolineare che chi ha provato tali esperienze non ha alcun dubbio quanto alla realtà e all'importanza della cosa. I racconti che mi sono stati fatti abbondano di osservazioni al riguardo:

Mentre ero fuori dal corpo ero davvero stupefatto da quanto mi stava accadendo. Non riuscivo a capire. Ma tutto era reale. Vedevo con tanta chiarezza il mio corpo e da tanto lontano. La mia mente non era nello stato in cui si cerca di credere a qualcosa o si inventano cose. Non stava elaborando niente. Non ero proprio in quello stato mentale.

E ancora:

Non era una allucinazione. Ho avuto delle allucinazioni quando all'ospedale mi hanno dato la codeina. Ma è stato molto tempo prima dell'incidente che mi uccise. Questa esperienza non aveva nulla di una allucinazione, nulla.

Si tratta di osservazioni fatte da gente assolutamente in grado di distinguere il sogno e la fantasia dalla realtà. Gente equilibrata, perfettamente normale. Che pure non racconta la sua esperienza come racconterebbe dei sogni ma come fatti realmente accaduti.

Tuttavia, pur con la certezza della realtà e dell'importanza dell'esperienza provata, tutti si rendono conto che la nostra società non è l'ambiente ideale per accogliere con simpatia e comprensione racconti di quella natura. Molti affermano di aver capito sin dall'inizio che gli altri li avrebbero giudicati malati di mente se avessero descritto la loro esperienza, e per questo hanno deciso di non parlarne affatto o di parlarne soltanto con qualche parente stretto.

È stato molto interessante. Soltanto non mi piace parlarne con gli altri. La gente ti guarda come se fossi matto.

Un altro ricorda:

Per molto, molto tempo non ne ho parlato con nessuno. Non ne facevo parola. Temevo che nessuno mi avrebbe creduto, che avrebbero detto: « Oh, ti stai inventando tutto ».

Un giorno ho deciso: « Bene, vedrò come la prende la mia famiglia » e a loro l'ho detto, ma finora non lo avevo detto a nessun altro. Però credo che la mia famiglia mi abbia creduto.

Altri ancora tentarono di parlare all'inizio, ma non vennero presi sul serio e rinunciarono.

1) La sola persona a cui ho cercato di dirlo è stata mia madre. Poco dopo essere tornato alla vita le ho detto cosa mi era accaduto. Ma ero un ragazzetto e lei non mi ha dato ascolto. Così non l'ho mai più detto a nessuno.

2) Ho cercato di parlarne al mio pastore, ma lui ha detto che si trattava di allucinazioni e così non l'ho più detto a nessuno.

3) Ero molto popolare a scuola e mi limitavo a seguire gli altri, non facevo mai niente di originale, di personale. Ero il tipo che seguiva, non quello che dava il la. Quando questo mi accadde e io cercai di dirlo agli altri credo si siano limitati tutti a considerarmi toccata. Cercavo di raccontare la cosa agli altri e loro mi ascoltavano con interesse, ma più tardi scoprivo che andavano dicendo: « È un po' matta quella ». Quando ho visto che la gente ci rideva, ho smesso di parlarne. Non avevo tentato di dire: « Ehi, questa cosa straordinaria è successa proprio a me ». Volevo spiegare che c'erano molte cose che era necessario sapere sulla vita, molte più cose di quanto io pensassi e, ne sono certa, di quanto loro pensassero.

4) Cercai di dire alle infermiere che cosa mi era accaduto, ma mi dissero di non parlarne, che erano soltanto fantasie.

Così si impara presto che:

La gente non è disposta a crederti come si vorrebbe. E non ci si mette a raccontare a destra e a sinistra la propria esperienza.

È interessante notare che soltanto in uno dei casi da me studiati un medico ha dato prova di familiarità con le esperienze di pre-morte o si è dimostrato comprensivo. Dopo la sua esperienza, ricorda una ragazza,

Chiesi al dottore, insieme alla mia famiglia, di spiegarmi che cosa mi era accaduto e il dottore rispose che questo succede spesso quando qualcuno è gravemente ammalato o ferito: la sua anima lascia il corpo.

Se si pensa allo scetticismo e alla mancanza di comprensione che accolgono la narrazione di un'esperienza di pre-morte, non è sorprendente se chi l'ha provata tende quasi sempre a considerarsi un caso unico, a pensare che nessun altro abbia avuto la sua stessa esperienza. Un uomo affermò: « Sono stato dove nessuno è stato mai ».

Quando, dopo aver parlato a lungo con una persona della sua esperienza, comincio a dire che altri mi hanno riferito gli stessi avvenimenti e le stesse sensazioni, è accaduto spesso che l'interessato abbia espresso un senso di profondo sollievo.

È interessante scoprire che altri hanno avuto la stessa esperienza, perché non avevo immaginato... Sono felice di averlo saputo, che qualcun altro ha conosciuto tutto questo, intendo. Adesso lo so di non essere matto.

È sempre stato tutto tanto reale per me, ma non ne avevo mai parlato perché temevo che si sarebbe detto: « Quando sei stato per morire anche la tua mente ha smesso di funzionare bene! ».

Immaginavo che qualcun altro doveva aver avuto la stessa esperienza, ma non credevo che avrei mai incontrato qualcuno che sapeva di altri casi come il mio, perché non credo che la gente ne parli. Se la cosa non fosse accaduta a me e qualcuno venisse a riferirmela, probabilmente mi chiederei che cosa vuole da me, perché la nostra società è così.

E un altro motivo ancora spiega la reticenza dei più: la sensazione che l'esperienza in se stessa è tanto indescrivibile, tanto lontana dalle possibilità dell'umano linguaggio, della percezione e dell'esistenza umana, che è inutile anche solo tentare di esprimerla.

Conseguenze

Per i motivi appena esposti nessuno, che io sappia, si è costruito un pulpito e si è messo a parlare della sua esperienza. Nessuno ha ritenuto opportuno fare proseliti, tentare di convincere gli altri delle realtà conosciute. Al contrario, la difficoltà è esattamente quella opposta: la gente esita a dire agli altri quello che ha conosciuto.

Le conseguenze dell'esperienza subita sembrano aver assunto forme più sottili, più segrete. Molti mi hanno detto che la loro vita è stata ampliata, approfondita, che loro stessi sono diventati più inclini alla riflessione, più interessati ai problemi filosofici riguardanti la morte o il fine dell'uomo.

A quel tempo – prima che entrassi nel college – ero cresciuto in una cittadina abitata da gente con la mentalità provinciale: almeno erano così quelli che conoscevo io. Ero un tipico liceale di provincia: non si era degni di vivere se non si apparteneva alla mia associazione scolastica.

Ma dopo aver provato quell'esperienza ho sentito il desiderio di allargare le mie conoscenze. Non pensavo tuttavia che ci fosse qualcuno a conoscenza della cosa, perché non ero mai uscito da quel piccolo mondo provinciale. Non sapevo niente di psicologia o di cose del genere. Sapevo soltanto che mi pareva di essere di colpo cresciuto dopo quanto mi era accaduto, perché quell'esperienza mi aveva rivelato l'esistenza di un mondo nuovo che non avrei mai creduto possibile. Continuavo a pensare: « Ci sono tante cose che devo scoprire ». In altre parole, nella vita non ci sono soltanto il cinema al venerdì sera e le partite di calcio. E anche in me ci sono una quantità di cose che neppure conosco. E poi ho cominciato a pensare: « Quali sono i confini dell'umano? quali i confini della mente? ». Un nuovo mondo mi si era rivelato.

E ancora:

Da allora ho continuato a pensare a quello che ho fatto della mia vita e a quello che ne farò. Sulla mia vita passata non ho recriminazioni. Non credo che il mondo mi debba niente perché ho sempre fatto quello che ho voluto e l'ho fatto come ho voluto e sono ancora vivo e posso fare ancora altre cose. Ma dalla mia morte, di colpo, ho cominciato a chiedermi se avevo fatto quel che avevo fatto perché era un bene o perché era un bene *per me*. Prima agivo seguendo l'impulso mentre adesso penso bene alle cose, con calma e a lungo. Mi sembra che tutto debba prima venir assimilato bene dalla mia mente.

Cerco di fare cose che abbiano un maggiore significato e per questo la mia mente e la mia anima si sentono meglio. E cerco di non essere prevenuto, di non giudicare nessuno. Voglio fare cose che siano buone in loro stesse e non soltanto per me. E mi sembra di capire molto meglio le cose ora. Credo sia così a causa dell'esperienza che ho conosciuto, dei posti in cui sono stato, delle cose che ho visto.

Altri parlano di un modo diverso di avvicinare o concepire la vita fisica alla quale hanno fatto ritorno. Una donna ha detto con grande semplicità: « La vita da allora mi è molto più preziosa ».

E un'altra persona riferisce:

In un certo senso è stata una benedizione: prima di quell'attacco cardiaco ero troppo occupato a pianificare il futuro dei miei figli e a pensare a quello che già mi era accaduto, tanto da perdere le gioie del presente. Ora è tutto molto diverso.

Alcuni, come nel caso di una donna uscita dal proprio corpo mentre era prossima alla morte, hanno osservato che l'esperienza conosciuta ha mutato il loro modo di concepire la mente e l'importanza relativa del corpo e della mente:

Ero consapevole della mente più che del corpo. La mente era la cosa importante, e non la forma del corpo. Prima era stato esattamente il contrario: il corpo era il mio interesse principale e quello che accadeva nella mia mente, be', accadeva e basta. Ma dopo quell'esperienza la mente è diventata il principale polo di attrazione, e il corpo viene dopo – il corpo era soltanto lo scrigno della mia mente. Non mi importava di avere o di non avere un corpo. Non mi importava perché quella che contava era la mente.

In un limitatissimo numero di casi mi è stato riferito di facoltà intuitive parapsichiche acquisite in seguito all'esperienza provata o già latenti e rivelate soltanto allora:

1) Mi parve di essere pieno di un nuovo spirito. Molti mi hanno fatto notare che esercito sugli altri un effetto rasserenante, un effetto immediato. E mi sembra di essere in comunione con gli altri ora, di poterne capire meglio i pensieri.

2) In seguito a quell'esperienza mi è stata data la capacità di avvertire le esigenze altrui. Spesso, per esempio, nell'ascensore dell'ufficio, mi pare di poter leggere nel viso degli altri e di capire che hanno bisogno di aiuto e di quale aiuto. Spesso ho parlato a gente che aveva motivi di turbamento e l'ho accompagnata nel mio ufficio per consigliarla.

3) Dal giorno dell'incidente ho avuto la sensazione di poter afferrare i pensieri e le vibrazioni degli altri e avverto il risentimento degli altri. Spesso mi è stato possibile sapere quel che la gente stava per dire prima che lo dicesse. Non molti mi crederanno, ma da allora ho avuto esperienze strane, molto strane. Una volta ero a un ricevimento e capivo i pensieri della gente e alcuni che non mi conoscevano si alzarono e se ne andarono. Avevano paura che fossi una strega o qualcosa del genere. Non so se si tratti di una facoltà acquisita mentre ero morta o se era già latente in me e io non l'avevo ancora usata.

Molti sembrano d'accordo sulle « lezioni » riportate da quegli incontri con la morte. Quasi tutti sottolineano il loro desiderio di coltivare l'amore per gli altri, un amore di un genere unico e profondo. Un uomo, che si sentì totalmente amato e accettato dall'essere di luce mentre avveniva il riepilogo della sua vita, interpretò così la « domanda » rivoltagli dall'essere: se egli fosse capace di amare allo stesso modo. E ora sente che il suo scopo sulla terra è cercare di imparare ad amare così.

Sono numerosi anche i casi nei quali si parla dell'importanza di approfondire e ampliare le proprie conoscenze, poiché la capacità di apprendere continua nell'aldilà. Una donna, dopo la sua « morte », non ha trascurato alcuna possibilità di istruirsi. Un uomo suggerisce: « Qualsiasi età si abbia, non si deve mai smettere di imparare. Perché si tratta di qualcosa, a quanto ho capito, che continua nell'eternità ».

Ma nessuna, tra le persone con le quali ho parlato, ha detto di essere tornata dall'esperienza di pre-morte moralmente « purificata » o più perfetta. Nessuno dimostra di sentirsi migliore o più santo degli altri. Al contrario, molti hanno sottolineato la loro consapevolezza di essere in una fase di ricerca, di tentativi. La visione avuta li ha lasciati con nuovi scopi, nuovi principi morali, e una nuova determinazione a cercare di vivere in armonia con quei principi, ma con nessuna consapevolezza di una salvezza immediata o di una infallibilità morale.

Nuovi modi di concepire la morte

Come è logico presumere, l'esperienza di pre-morte influenza profondamente l'atteggiamento nei confronti della morte fisica, particolarmente quando si tratta di persone che non credevano a una vita oltre la morte. In un modo o in un altro, quasi tutti hanno dichiarato di non aver più paura di morire. Ma è necessaria una spiegazione: alcuni modi di morire restano chiaramente poco desiderabili, e inoltre nessuna delle persone con le quali ho parlato *cerca* la morte. Sentono tutti di avere compiti da eseguire finché sono in vita e sarebbero d'accordo con quanto ha affermato uno di loro: « Devo cambiare molte cose prima di lasciare questa terra ». Tutti quindi sconfesserebbero il suicidio come mezzo per tornare nei luoghi intravisti nel corso della loro esperienza. Semplicemente, la morte in quanto tale non li spaventa più. Ed ecco alcuni brani nei quali si riflette tale atteggiamento:

1) Immagino che questa esperienza abbia cambiato qualcosa nella mia vita. Ero un bambino quando mi è accaduta, avevo dieci anni, ma da allora sono profondamente convinto che ci sia vita oltre la morte, senza ombra di dubbio, e non ho paura di morire. C'è tanta gente che conosco che ha tanta, tanta paura. Sorrido sempre tra me quando sento qualcuno mettere in dubbio

che ci sia un aldilà o dire: « Quando si è morti, si è morti e basta ». Penso: « Davvero non sanno ».

Mi sono accadute molte cose. Mi è stata puntata una pistola alla tempia; e non mi ha spaventato molto perché pensavo: « Bene, se davvero muoio, se davvero mi uccidono, so che continuerò a vivere ».

2) Da ragazzino avevo paura di morire. La notte mi svegliavo piangendo istericamente. Mia madre e mio padre correvano in camera mia e mi chiedevano che cosa avessi. Io dicevo che non volevo morire ma che sapevo di dover morire e chiedevo se loro potevano impedirlo. Mia madre rispondeva: « No, è così che deve essere e tutti dobbiamo affrontarlo ». Diceva che tutti dovevamo affrontare la morte da soli e che quando la morte fosse giunta avremmo saputo farlo. Anni dopo – mia madre era morta – parlavo della morte con mia moglie. Anche allora avevo paura. Non volevo morire.

Ma da quando ho conosciuto quell'esperienza non temo più la morte. Tutte quelle paure sono svanite. Non mi sento più triste ai funerali. In un certo senso mi rallegro perché so che cosa è accaduto al morto.

Credo che il Signore mi abbia mandato quell'esperienza proprio per la paura che avevo della morte. Certo, i miei genitori mi confortavano, ma il Signore mi *ha mostrato*, e loro non potevano farlo. Non parlo di queste cose, ma le so e sono sereno.

3) Ora non ho paura di morire. Non che desideri morire o che voglia morire proprio adesso. Non voglio vivere ora in quell'altro mondo, perché è stato deciso che viva in questo. Ma non ho paura di morire perché so dove andrò quando lascerò questa terra, lo so perché ci sono già stato.

4) L'ultima cosa che mi disse la luce prima che tornassi al mio corpo, alla vita, fu – be', la sostanza era che sarebbe tornata. Mi diceva che per questa volta avrei continuato a vivere ma che un giorno sarebbe tornata da me e allora sarei morto davvero.

Così ora so che la luce ritornerà, e la voce, ma non so quando.

Credo che sarà un'esperienza molto simile a quella già avuta, ma migliore, perché ora so che cosa aspettarmi e non sarò tanto confuso. Tuttavia non credo che vorrei ritornare là presto. Voglio ancora fare molte cose qui.

La ragione per cui la morte non spaventa più sta dunque nel fatto che non si hanno più dubbi sulla sopravvivenza oltre la morte fisica. Non si tratta più di una possibilità astratta, ma di un fatto sperimentato.

Ricorderete che ho parlato del concetto di « annullamento » nel quale la morte viene paragonata al sonno o all'oblio. Le persone « morte » non accettano queste definizioni e scelgono analogie nelle quali la morte viene considerata piuttosto una transizione da uno stato all'altro o l'ingresso in un più alto grado di consapevolezza o di vita. Una donna, che era stata accolta dai parenti già morti, ha paragonato la morte a un ritorno a casa. Altri l'hanno paragonata a condizioni psicologicamente positive, come il risveglio, un esame riuscito, la fuga da un carcere.

1) Alcuni dicono che non usiamo la parola « morte » perché cerchiamo di fuggirla. Nel mio caso non è vero. Chi ha conosciuto quell'esperienza sa che non esiste una vera morte. Si passa semplicemente, come da un anno scolastico all'altro, da una condizione all'altra.

2) La vita è come una prigionia. Sulla terra non possiamo capire quali prigioni siano i nostri corpi. La morte è una liberazione – come una fuga dal carcere. È il miglior paragone che possa trovare.

Anche quanti avevano idee convenzionali sulla natura dell'aldilà sembrano essersene allontanati. Nei casi da me studiati nessuno ha descritto convenzionalmente il mondo di là; non ho mai sentito parlare del paradiso dei quadri: cancelli di perle, strade d'oro e angeli alati che suonano l'arpa, né di un inferno fiammeggiante con demoni armati di forche.

In molti casi viene abbandonato anche il concetto di un aldilà in cui vi siano un premio e un castigo. Quanti prima vi credevano vedevano con profondo stupore che neppure quando di fronte all'essere di luce apparivano quelli che sembravano i loro peccati più gravi, l'essere reagiva con la collera; ma soltanto con comprensione, perfino con un certo umorismo. Una donna vide alcune scene della sua vita nelle quali era stata egoista. Eppure: « L'atteggiamento dell'essere era soltanto che anche in quelle occasioni io avevo imparato ». In luogo dell'antica immagine molti sembrano aver riportato un'immagine nuova e un nuovo modo di concepire il mondo di là – un'immagine che non contempla un giudizio unilaterale, ma un cammino progressivo verso lo scopo ultimo della completa realizzazione di sé. E, come già si è visto, si afferma anche che lo sviluppo dell'anima, soprattutto nelle facoltà di amare e imparare, non si ferma con la morte ma continua nell'aldilà, forse in eterno, certamente per un determinato periodo, giungendo a una profondità che può essere soltanto intravista, mentre siamo ancora nel nostro corpo fisico, « come in uno specchio ».

Testimonianze

Viene naturale una domanda: è possibile avere prove della realtà delle esperienze di pre-morte indipendentemente dalla descrizione delle esperienze stesse? Molti dichiarano di essere stati fuori dal loro corpo per un periodo considerevole di tempo e di aver assistito a numerosi avvenimenti nel mondo fisico. È possibile mettere a confronto la loro testimonianza con quella di altre persone presenti, o esaminarla alla luce di eventi successivi, per trarne prove positive?

In più di un caso la sorprendente risposta è « sì ». La descrizione degli avvenimenti osservati mentre la persona era fuori dal corpo in genere coincide con la realtà dei fatti. Molti dottori mi hanno detto di essere rimasti sconcertati notando come pazienti privi di conoscenze mediche abbiano potuto descrivere con tanta minuzia e tanta esattezza i metodi seguiti nel tentativo di rianimazione dal momento che gli avvenimenti descritti avevano avuto luogo quando il paziente era clinicamente morto.

In molti casi sono state le persone interessate a parlarmi dello stupore dei medici o di altri presenti di fronte alla narrazione di fatti osservati mentre erano fuori dal corpo: mentre stava morendo una ragazza uscì dal suo corpo e si trovò in un'altra stanza dell'ospedale dove vide la sorella maggiore che piangeva e diceva: « Oh, Kathy, non morire, ti prego, non morire ». La sorella rimase sconcertata quando in seguito Kathy le disse con precisione dove l'aveva vista e che cosa le aveva sentito dire. E vi sono altri casi simili a questo:

1) Quando tutto era finito, il dottore mi disse che me l'ero vista davvero brutta e io risposi: « Sì, lo so ». « E come può saperlo? » ribatté lui, e io dissi: « Posso riferirle tutto quello che è successo ». Lui non mi credeva così io gli raccontai tutto, dal

momento in cui cessai di respirare fino a quello in cui mi ripresi. Era sconvolto vedendo che sapevo tutto quanto era accaduto. Non sapeva che cosa dire, ma venne diverse volte per farmi molte domande in proposito.

2) Quando mi risvegliai dopo l'incidente, c'era là mio padre e io non volevo sapere in che condizioni ero o che cosa pensavano i dottori del mio stato attuale e futuro. Volevo soltanto parlare dell'esperienza che avevo attraversato. Dissi a mio padre chi aveva estratto il mio corpo dall'edificio, di quale colore era vestito, e come mi avevano tirato fuori e anche la conversazione che si era svolta sul luogo. E mio padre disse: « Sì, è vero, le cose sono andate così ». Eppure, per tutto quel tempo il mio corpo era in stato di incoscienza e non mi sarebbe stato possibile vedere o sentire quelle cose senza essere fuori dal corpo.

Infine, in alcuni casi, mi è stato possibile ottenere testimonianze di altri su fatti che potrebbero provare la realtà delle esperienze narrate. Vi sono tuttavia molte difficoltà nel valutare queste testimonianze. Prima di tutto, nella maggioranza dei casi il fatto ha avuto come testimoni soltanto il morente e, al più, due amici o parenti. In secondo luogo, anche nei casi particolarmente drammatici e con un maggior numero di testimoni possibili, ho promesso di non rivelarne i veri nomi. Ma quand'anche potessi farlo, non credo che testimonianze raccolte dopo il fatto potrebbero costituire vere *prove*, e questo per i motivi che spiegherò nell'ultimo capitolo.

Siamo giunti al termine della descrizione delle diverse fasi e dei diversi avvenimenti più comunemente narrati da chi ha conosciuto un'esperienza di pre-morte. Per concludere, voglio ora riportare un'ampia citazione da una testimonianza che racchiude molti elementi tra quelli da me descritti, e, in più, un elemento mai incontrato altrove: l'essere di luce rivela in anticipo la morte imminente dell'uomo e decide in seguito di riportarlo alla vita.

Quando questo mi accadde soffrivo, come soffro ancora, di asma bronchiale in forma grave. Un giorno venni preso da un accesso di tosse, e apparentemente si ruppe un disco della colonna vertebrale. Per due mesi consultai una quantità di medici perché il dolore era straziante, e finalmente un medico mi indirizzò a un neurochirurgo, il dottor Wyatt. Mi vide e disse che dovevo venir immediatamente ricoverato, così entrai in ospedale e mi misero immediatamente in trazione.

Il dottor Wyatt sapeva che io soffrivo di disturbi respiratori e chiamò uno specialista: questi disse che bisognava consultare l'anestesista, il dottor Coleman, se dovevo essere anestetizzato. Lo specialista si occupò di me per circa tre settimane e mi fece finalmente trasportare in un posto dove il dottor Coleman avrebbe potuto addormentarmi. Coleman acconsentì un lunedì, ma si dimostrò molto preoccupato. Decisero di operarmi il venerdì successivo. Lunedì sera dormii serenamente fino alla mattina successiva, quando mi svegliai presto tormentato da un forte dolore. Mi voltai e cercai una posizione più comoda, ma proprio in quel momento vidi una luce in un angolo della stanza subito sotto il soffitto. Era come un globo di luce, non molto grande, direi tra i trentacinque e i quarantacinque centimetri di diametro; e all'apparire di quella luce mi invase una sensazione. Non posso dire che si trattasse di una sensazione misteriosa o impressionante; non era così. Era un senso di pace completa, di profonda calma. Vidi una mano tendersi verso di me dalla luce e la luce disse: « Vieni con me. Voglio mostrarti qualcosa ». Immediatamente, senza alcuna esitazione, tesi la mano e afferrai quella che mi veniva porta. Ebbi allora l'impressione di venir sollevato e di lasciare il mio corpo, e mi volsi e vidi il mio corpo che giaceva sul letto mentre io salivo verso il soffitto.

Nel momento in cui uscivo dal corpo presi la stessa forma che aveva la luce. Avevo la sensazione – e devo esprimermi come posso perché non ho mai sentito nessuno parlare di niente del genere – che si trattasse di una forma spirituale. Non era un corpo, ma una nuvola di fumo, o un vapore. Assomigliava quasi alle volute di una sigaretta quando vengono illuminate passando davanti a una lampada accesa. La forma che io assunsi era colorata, però. C'era dell'arancione, del giallo e un colore che non distinguevo bene: indaco forse, una tinta sul blu.

La mia nuova forma spirituale non aveva una sagoma precisa come il corpo. Era più o meno circolare, ma aveva qualcosa che io chiamo una mano. Lo so, perché quando la luce tese la mano verso di me io tesi a mia volta la mia. Eppure, il braccio e la mano del mio corpo fisico rimasero fermi; li vedevo sul letto, distesi lungo il corpo, mentre mi innalzavo verso la luce. Ma quando non usavo quella mano spirituale, lo spirito ritornava alla forma circolare.

Venni condotto fino al punto in cui era la luce e cominciammo ad attraversare il soffitto e la parete della stanza d'ospedale e ad avviarci lungo il corridoio, e poi attraverso il corridoio, giù, giù, sembrava, fino a un piano più basso dell'ospedale. Attraversavamo senza difficoltà le porte o i muri. Svanivano, semplicemente, al nostro avvicinarsi.

Sembrava stessimo viaggiando. Sapevo che ci muovevamo, ma non avevo la sensazione della velocità. E poi, quasi di colpo, compresi che avevamo raggiunto la sala di rianimazione dell'ospedale. Non sapevo nemmeno dove fosse, ma arrivammo là e di nuovo ci trovammo in un angolo della stanza, proprio sotto il soffitto. Vedevo i dottori e le infermiere camminare nel loro camice verde, e i letti.

Allora l'essere mi disse – mi mostrò: « Ti troverai qui. Quando ti toglieranno dalla tavola operatoria ti metteranno in quel letto, ma non ti risveglierai più. Non saprai niente di quello che accadrà dopo il tuo ingresso nella sala operatoria fino al momento, poco tempo dopo, in cui verrò da te ». Non posso affermare che questo mi sia stato detto con parole. Non era una voce che si potesse udire; se lo fosse stato mi sarei aspettato che gli altri nella sala la udissero, e non era così. Era come un'impressione che io ricevevo. Ma in modo tanto vivo che non mi sarebbe stato possibile dire che non l'avevo udita o non l'avevo avvertita. Era per me una cosa certa e definitiva.

E quello che vedevo – ah, era molto più facile riconoscere le cose mentre avevo quella forma spirituale. Non mi chiedevo: « Che cosa vorrà mostrarmi? ». Sapevo immediatamente di che cosa si trattava, che cosa aveva in mente. Non c'era dubbio. Voleva dirmi che *quel letto* – il letto a destra appena si entra dal corridoio – era il letto in cui mi sarei trovato, e lui mi aveva portato là per uno scopo preciso. E infine me lo disse. Capii che il motivo era che non voleva che io provassi paura quando il mio spirito avrebbe dovuto lasciare il corpo, voleva invece che sapessi quali sensazioni avrei provato in quel momento. Voleva rassicurarmi, affinché io non avessi timori, perché mi diceva che non sarebbe stato accanto a me subito, che prima avrei conosciuto altre esperienze, ma che egli avrebbe offuscato tutto quello che accadeva e infine sarebbe stato accanto a me.

Ora, quando lo avevo raggiunto per andare nella sala di rianimazione e ero diventato anch'io uno spirito, era stato come se ci fossimo fusi. Eravamo due esseri separati, certo. Ma lui controllava tutto quello che accadeva e che riguardava me. E anche se attraversavamo i muri e i soffitti eccetera, ecco, sembrava vi fosse una tale comunione tra noi che niente al mondo avrebbe potuto turbarmi Era un senso di pace, di calma, una serenità che non sono altrimenti possibili.

Così, dopo avermi detto questo, mi ricondusse nella mia camera d'ospedale e io vidi nuovamente il mio corpo, che giaceva nell'identica posizione in cui lo avevo lasciato, e di colpo rientrai nel mio corpo. Direi di essere stato fuori dal corpo per cinque o dieci minuti, ma il tempo non rientrava in quell'esperienza. Anzi, non ricordo di avere mai pensato al tempo.

L'intera esperienza mi aveva stupefatto, mi aveva colto assolutamente di sorpresa. Era così viva e reale, più dell'esperienza comune. E la mattina dopo non avevo affatto paura. Mentre mi rasavo notai che non mi tremava la mano come mi accadeva da sei o otto settimane. Sapevo che sarei morto, e non avevo rimpianti, né paura. Non pensavo: « Che cosa posso fare per impedirlo? ». Ero pronto.

Giovedì pomeriggio, il giorno prima dell'operazione, ero nella camera d'ospedale ed ero preoccupato: mia moglie, e il mio ragazzo, un nipote adottato, che allora ci dava dei pensieri. Decisi così di scrivere una lettera a mia moglie e una a mio nipote, per esprimere alcune delle mie preoccupazioni, e di nasconderle dove potessero trovarle soltanto dopo l'operazione. Scrissi due pagine a mia moglie, e di colpo scoppiai a piangere, singhiozzando. Sentii una presenza e dapprima pensai che forse avevo pianto tanto forte da disturbare una delle infermiere che era venuta a vedere che cosa stava succedendo. Ma non avevo sentito aprire la porta. E di nuovo sentii quella presenza, ma questa volta non vidi nessuna luce, e i pensieri o le parole vennero a me, come prima, e l'essere disse: « Jack, perché piangi? Credevo ti sarebbe piaciuto venire con me ».

Io pensai: « Sì, è così, voglio andare ». E la voce chiese: « Allora perché piangi? ». Io dissi: « Siamo preoccupati per nostro nipote e ho paura che mia moglie non sappia come allevarlo. Sto cercando di esprimere quello che sento e quello che voglio lei faccia per il ragazzo. E sono preoccupato perché penso che forse la mia presenza l'avrebbe aiutato a trovare un equilibrio ».

Allora, da quella presenza, avvertii il pensiero: « Poiché chiedi per qualcun altro, poiché pensi agli altri e non a Jack, ti concederò quello che vuoi. Vivrai fino a quando tuo nipote sarà un uomo ». E poi non lo sentii più. Smisi di piangere e distrussi la lettera per evitare che mia moglie potesse trovarla casualmente.

Quella sera il dottor Coleman venne a dirmi che pensava ci sarebbero state complicazioni per l'anestesia e che non dovevo meravigliarmi se al risveglio mi sarei visto intorno una quantità di tubi e fili e aggeggi. Non gli dissi che esperienza avevo vissuto, annuii soltanto e dissi che avrei fatto quello che potevo.

La mattina dopo l'operazione fu lunga ma riuscì perfettamente e io ripresi conoscenza: il dottor Coleman era vicino a me e io gli dissi: « So dove sono ». Lui chiese: « In che letto è? ».

« Sono nel primo letto a destra entrando dal corridoio. » Lui rise e certo pensò che fossi ancora sotto l'effetto dell'anestesia.

Volevo dirgli che cosa era accaduto, ma subito dopo entrò il dottor Wyatt e chiese: « È sveglio. Che cosa bisogna fare? ». E il dottor Coleman disse: « Non bisogna fare niente. Non sono mai stato tanto stupefatto. Eccomi qua con tutti i miei aggeggi e il paziente non ne ha bisogno ». Il dottor Wyatt osservò: « I miracoli succedono, sa ». Così, quando potei levarmi a sedere e guardarmi attorno, vidi che ero nel letto che la luce mi aveva mostrato alcuni giorni prima.

Questo è avvenuto tre anni fa, ma è vivido ora come lo era allora. È stata la cosa più straordinaria che mi sia mai accaduta, e ha cambiato molto le cose. Ma non ne parlo. L'ho detto soltanto a mia moglie, a mio fratello, al mio sacerdote e ora a lei. Non so come dirlo, è difficile spiegarlo, non voglio far colpo su di lei né cambiarle la vita. Semplicemente, dopo quell'esperienza, non ho più dubbi. So che c'è vita oltre la morte.

III
Paralleli

Gli eventi che accadono a quanti attraversano le successive fasi dell'esperienza della morte sono, a voler essere eufemistici, inconsueti. Per questo, quando mi sono imbattuto in paralleli sorprendenti, racchiusi in testi religiosi antichi e/o esoterici, espressi da civiltà, culture, epoche assai diverse, ne sono sempre stato assai colpito.

La Bibbia

Nella nostra civiltà la Bibbia, tra i libri che si occupano della parte spirituale dell'uomo e della vita oltre la morte, è il più letto e studiato. Tuttavia, dice relativamente poco su quello che accade al momento della morte o sulla esatta natura dell'aldilà. Particolarmente nell'Antico Testamento: stando ad alcuni esegeti biblici, soltanto due brani dell'Antico Testamento parlano in termini inequivocabili di una vita oltre la morte:

Isaia, XXVI, 19: Ma vivranno i tuoi morti, risorgeranno, / si desteranno e giubileranno / i giacenti nella polvere: / ché... la terra restituirà i suoi trapassati.

Daniele, XII, 2: Molti di quei che dormono / nel paese della polvere si risveglieranno, / gli uni per la vita eterna, / gli altri per l'obbrobrio, per l'ignominia eterna.

In entrambi i brani si accenna chiaramente a una resurrezione dei corpi, e in entrambi i brani la morte fisica viene paragonata al sonno.

Tuttavia, come ho già detto, alcune persone si sono servite di concetti biblici per chiarire o spiegare le loro esperienze. Il lettore ricorderà che un uomo identificò nello spazio buio attraversato al momento della morte « la valle dell'ombra della morte ». Due persone hanno ricordato le parole di Gesù: « Sono la luce del mondo ». E grazie soprattutto a queste parole hanno identificato nella luce Gesù Cristo. Uno di loro mi ha detto: « Non ho visto una persona nella luce, ma per me la luce era come Cristo - consapevolezza, comunione con tutti gli esseri, perfetto amore. Penso che Gesù parlasse alla lettera quando ha detto di essere la luce del mondo ».

Personalmente, poi, ho trovato altri paralleli che nessuna delle persone da me intervistate ha ricordato. Il più sorprendente è negli scritti di San Paolo. Dopo la conversione sulla via di Damasco, egli narra:

Atti degli Apostoli, XXVI, 13-26: Sul mezzogiorno lungo la via vidi, o re, dal cielo splendere intorno a me e a coloro che erano con me una luce che superava lo splendore del sole. Essendo tutti noi caduti a terra, udii una voce che mi diceva in lingua ebraica: Saulo, Saulo, perché mi perseguiti? Ti è arduo recalcitrare contro gli stimoli. E io dissi: Chi sei, Signore? E il Signore disse: Io sono Gesù che tu perseguiti ma levati, e sta' in piedi, poiché ti sono apparso per costituirti ministro e testimone di ciò che hai veduto di me e di ciò che ti mostrerò... Per la qual cosa, o re Agrippa, non fui disobbediente alla celeste apparizione... Dicendo egli queste cose in sua difesa, Festo esclamò a gran voce: « Paolo, tu vaneggi, la molta scienza ti spinge alla pazzia ». E Paolo: « Non farnetico » disse « o eccellentissimo Festo, ma dichiaro altamente insegnamenti di verità e di saggezza ».

L'episodio presenta evidenti analogie con l'incontro con l'essere di luce: all'essere viene attribuita una personalità, per quanto non si accenni a una forma fisica, e da lui emana una « voce » che rivolge domande e dà istruzioni; quando Paolo parla agli altri viene irriso e considerato « pazzo »; tuttavia, la visione cambia la sua esistenza: da quel momento egli divenne il principale diffusore del concetto cristiano dell'amore del prossimo.

Non mancano certo le differenze: Paolo non sfiorò la morte durante la sua esperienza; inoltre egli afferma di essere stato accecato dalla luce e di essere rimasto cieco per tre giorni. E questo è l'opposto di quanto dichiarano le persone da me conosciute: che la luce, pur indescrivibilmente luminosa, non è affatto accecante né impedisce di vedere le realtà circostanti.

In un altro punto, parlando della natura della vita oltre la morte, San Paolo sottolinea come alcuni neghino il concetto cristiano dell'immortalità dell'anima chiedendosi che genere di corpo avranno i morti:

Lettera prima ai Corinzi, XV, 35-52: Ma qualcuno domanderà: Come risuscitano i morti? Con qual corpo ritorneranno? Stolto! ... quanto a quello che tu semini, non è il corpo che nascerà quello che tu semini, ma un semplice granello... Dio poi gli dà un corpo conforme a quanto ha stabilito, e a ciascun seme dà il proprio corpo. ...Vi sono corpi celesti e corpi terrestri, ma altro è lo splendore dei corpi celesti, altro quello dei corpi terrestri...

Così sarà pure della resurrezione dei morti: si semina nella corruzione, risorgerà nella incorruzione; si semina nella ignominia, risorgerà nella gloria; si semina nella debolezza, risorgerà nella forza; si semina corpo animale, risorgerà corpo spirituale. Se vi è un corpo animale vi è pure un corpo spirituale... Ecco che io vi annunzio un mistero: Tutti, certo, non morremo, ma tutti saremo trasformati, in un attimo, in un batter d'occhio, al suono dell'ultima tromba; suonerà infatti la tromba e i morti risorgeranno incorruttibili e noi saremo trasformati.

È interessante notare che la breve descrizione del « corpo spirituale » corrisponde alla narrazione di quanti si sono trovati fuori dal corpo. In entrambi i casi si sottolinea la non materialità del corpo spirituale e l'assenza di limitazioni. San Paolo afferma che mentre il corpo fisico era debole e brutto il corpo spirituale sarà forte e bello. La frase ricorda il racconto da me riportato nel quale si descrive come il corpo spirituale fosse integro e intatto mentre il corpo fisico appariva mutilato, e l'altro in cui il corpo spirituale sembrava non avere un'età precisa, non essere dunque limitato dal tempo.

Platone

Vissuto ad Atene dal 428 al 348 a.C., Platone, uno dei massimi pensatori di tutti i tempi, ha lasciato circa ventidue Dialoghi, in molti dei quali l'interlocutore principale è il suo maestro Socrate, e alcune lettere.

Platone credeva fermamente all'importanza della ragione, della logica e della discussione nel raggiungimento della verità e della saggezza, ma solo entro certi limiti, poiché egli fu anche un mistico convinto che la verità ultima possa venir conosciuta soltanto grazie a un'esperienza di illuminazione. Ammetteva vi fossero dimensioni di realtà che trascendono il mondo fisico, sensibile, e credeva che questo possa venir compreso soltanto riferendosi a quelle dimensioni. Si interessava dunque alla componente non corporea dell'uomo – l'anima – e vedeva nel corpo un temporaneo veicolo dell'anima. Non è sorprendente che studiasse il destino dell'anima dopo la morte fisica e che molti suoi Dialoghi – fra questi *Fedone*, *Gorgia*, *La Repubblica* – affrontino il problema.

Le descrizioni platoniche della morte sono in tutto simili a quelle di cui abbiamo parlato nel capitolo precedente: la morte è la separazione della parte incorporea di un essere umano, l'anima, dalla parte fisica, il corpo; la parte incorporea è soggetta a ben minori limitazioni; il tempo non è un elemento presente nei regni che trascendono il mondo fisico. Questi sono eterni: quello che noi chiamiamo tempo non è, nelle sorprendenti parole di Platone, che « l'irreale, mobile riflesso dell'eternità ».

L'anima separatasi dal corpo può incontrare spiriti di trapassati, conversare con loro e venir guidata, nel passaggio dalla vita fisica all'altra vita, da spiriti custodi. Alcuni potranno attendersi di venir accolti al momento della morte da una barca che li conduce, attraverso uno specchio d'acqua, all'« altra sponda ». Nel *Fedone*, tanto l'ambiente in cui si svolge il dialogo, quanto la forza degli argomenti, sottolineano vigorosamente il concetto che il corpo è la prigione dell'anima e che la morte è come una fuga, o una liberazione, dal carcere.

Mentre, come abbiamo visto nel primo capitolo, Platone esprime per bocca di Socrate l'antico concetto della morte vista come sonno e oblio, in seguito sconfessa l'idea e la capovolge. L'anima entra nel corpo venendo da un più alto e divino regno; la nascita è dunque il momento del sonno e dell'oblio poiché l'anima, quando entra nel corpo, passa da uno stato di profonda consapevolezza a uno stato di ben minore consapevolezza e dimentica le verità che conosceva prima. La morte, implicitamente, è un *risveglio*, un ritorno della *memoria*. L'anima separatasi dal corpo al momento della morte può pensare e ragionare meglio di quanto lo potesse nella prigione del corpo e può conoscere le cose nella loro vera natura. Poco dopo la morte, l'anima affronta un « giudizio » in cui un essere divino le mostra tutte le cose – buone o cattive – che ha compiuto in vita.

Nel libro decimo della *Repubblica* si incontra l'analogia più sorprendente. Platone vi narra il mito di Era, un soldato greco. Morto in una battaglia in cui morirono molti altri greci, Era viene deposto insieme agli altri su una pira funebre. Dopo un certo tempo il suo corpo rivive e Era descrive quello che ha conosciuto durante il viaggio nei regni di là. Uscita dal corpo, la sua anima ha raggiunto un gruppo di altri spiriti e insieme a loro si è recata in un luogo dove vi erano aperture e passaggi che apparentemente conducevano dalla terra all'aldilà. Qui le altre anime vengono fermate e giudicate da esseri divini in grado di vedere con assoluta contemporaneità tutto quanto l'anima ha fatto in vita. Ma Era non affronta il giudizio. Gli esseri divini gli ordinano di tornare alla vita per narrare agli uomini la natura del mondo di là. Dopo aver veduto molte altre cose, Era viene dunque restituito alla vita, ma afferma di non sapere come sia rientrato nel corpo fisico: si è svegliato e si è ritrovato sulla pira funebre.

Platone – è importante sottolinearlo – dichiara di considerare la sua descrizione del mondo in cui l'anima entrerà dopo la morte come, nel migliore dei casi, una possibilità. Pur non dubitando che vi sia una vita oltre la morte, egli ricorda che chi voglia cercare di spiegare la vita del mondo di là mentre è ancora in questa si trova di fronte due gravi ostacoli: l'anima, imprigionata nel corpo, è limitata dai sensi fisici nella sua possibilità di conoscere e imparare; la vista, l'udito, il tatto, il gusto e l'olfatto possono ingannarci. I nostri occhi possono farci parere piccolo un oggetto enorme se è lontano da noi, possiamo capire male quello che ci viene detto, eccetera. E questo può condurci a false opinioni o impressioni. La nostra anima non può dunque conoscere la vera natura della realtà se non quando viene liberata dalle restrizioni dei sensi.

In secondo luogo, Platone afferma che il linguaggio umano è inadatto a esprimere direttamente le realtà ultime. Le parole nascondono più che non rivelino l'intima natura delle cose; possono soltanto indicare – per analogia, attraverso il mito, o in altri modi indiretti – l'esatta natura di quello che si trova oltre i confini del mondo fisico.

« Il libro tibetano dei morti »

Opera notevolissima, *Il libro tibetano dei morti* è stato compilato sulla base degli insegnamenti dei saggi lungo un arco di secoli nel Tibet preistorico, insegnamenti tramandati oralmente. Venne quindi messo per iscritto, presumibilmente verso l'ottavo secolo d.C., ma anche allora fu tenuto nascosto perché non ne venissero a conoscenza estranei.

La forma di questo libro inconsueto è legata ai diversi usi ai quali era destinato. Va detto innanzi tutto che i saggi che lo scrissero consideravano la morte come un'arte – qualcosa che poteva venir compiuta in modo esperto o in modo sconveniente, secondo che si avessero o no le conoscenze richieste per compierla bene. Per questo il libro veniva letto come parte della cerimonia funebre, o al morente negli ultimi momenti di vita. In tal modo si supponeva adempisse due funzioni: aiutava il morente a riconoscere la natura dei nuovi sorprendenti fenomeni che egli veniva conoscendo; e aiutava quelli che rimanevano a nutrire pensieri positivi, a non trattenere il morente con il loro amore affinché egli potesse entrare nel mondo di là in una giusta disposizione mentale, libero da ogni legame corporeo.

Il libro contiene dunque una dettagliata descrizione delle varie fasi che l'anima attraversa dopo la morte fisica.

Il parallelismo tra le prime fasi della morte che il libro descrive e quelle che mi sono state narrate da quanti hanno vissuto un'esperienza di pre-morte è davvero incredibile.

Nel racconto tibetano la mente o l'anima del morente esce dal corpo. Quindi, a un determinato momento, il morente si trova in un vuoto – non un vuoto fisico, ma un vuoto soggetto a suoi propri limiti, un vuoto in cui la consapevolezza del morente non si annulla. Gli può accadere di udire suoni allarmanti e inquietanti, descritti come un rombo, un tuono, un fischio simile al vento, e scopre che lui stesso e quanto lo circonda è avvolto in una nebbia grigia e luminosa.

Si stupisce scoprendo di essere uscito dal corpo. Sente e vede i parenti e gli amici che piangono sul suo corpo e lo preparano per il funerale, ma quando cerca di parlare, loro non lo sentono né lo vedono. Non comprende ancora di essere morto, e si sente confuso. Si chiede se è morto o non lo è e quando infine capisce di esserlo non sa dove deve andare né che cosa deve fare. Lo invade un profondo rimpianto, e per un certo periodo rimane vicino ai luoghi che gli erano familiari in vita.

Si accorge di essere ancora in un corpo – chiamato il corpo « luminoso » – che non sembra fatto di materia corporea. Può attraversare rocce, muri, e perfino le montagne, senza incontrare resistenza. Lo spostamento da un luogo all'altro è quasi istantaneo. Il pensiero e le capacità di percezione sono meno limitati; la mente diventa lucidissima e i sensi sembrano più acuti e perfetti e più vicini al divino. Se in vita è stato cieco o sordo o monco, scopre con stupore che nel suo corpo « luminoso » tutti i sensi, come tutte le capacità del corpo fisico, sono stati sanati e rafforzati.

Gli accade di incontrare altri esseri che hanno un corpo come il suo, e quella che viene chiamata una luce pura o chiara. Il libro consiglia al morente che si avvicina alla luce di sforzarsi di provare soltanto amore e comprensione verso gli altri.

Il libro parla anche dei sentimenti di immensa pace e serenità che il morente conosce e di uno « specchio » dove tutta la sua vita, le azioni buone o cattive, viene riflessa perché egli stesso e gli esseri che lo giudicano possano vederla. Non vi può essere rappresentazione falsa o errata: è impossibile mentire sulla propria vita.

In breve, benché il *Libro tibetano dei morti* contenga molte fasi successive della morte che nessuna delle persone da me intervistate ha raggiunto, si nota una somiglianza sorprendente tra le descrizioni di questo antico manoscritto e gli avvenimenti che mi sono stati narrati da americani del ventesimo secolo.

Emanuel Swedenborg

Swedenborg, nato a Stoccolma, visse dal 1688 al 1772, e raggiunse una certa fama come studioso di scienze naturali. Nei suoi scritti si occupò di anatomia, fisiologia, psicologia. Ma in seguito attraversò una crisi religiosa e prese a narrare esperienze nelle quali affermava di essere stato in comunicazione con entità al di fuori del mondo.

Le sue opere più tarde abbondano di descrizioni della vita oltre la morte. E anche nel suo caso la corrispondenza fra quanto egli scrive di alcune sue esperienze spirituali e quanto narrano quelli che sono tornati alla vita dopo aver sfiorato la morte è stupefacente. Quando cessano la respirazione e la circolazione sanguigna, scrive Swedenborg

L'uomo tuttavia non muore, ma è soltanto separato dalla parte corporea che gli era necessaria in questo mondo... L'uomo, quando muore, passa soltanto da un mondo a un altro. [1]

Afferma di avere attraversato egli stesso le fasi iniziali della morte e di essere stato fuori dal corpo:

Giunsi a uno stato di insensibilità per quanto riguarda i sensi corporei, in uno stato quasi di morte; ma poiché la vita interiore, il pensiero, rimaneva intatta, scorgevo e conservavo nella memoria le cose che accadevano e che accadono a quanti vengono resuscitati dai morti... Era in particolare dato di scorgere... che la mente, il mio spirito, veniva.. come tratta... condotta fuori dal corpo.

Durante l'esperienza narrata incontra esseri che identifica come « angeli »: gli chiedono in sostanza se egli è pronto a morire.

Gli angeli mi chiesero dapprima quale fosse il mio pensiero, se era come quello di chi muore, che suole volgersi alla vita eterna; e dissero che volevano la mia mente si fissasse in quel pensiero.

Ma la comunicazione che ha luogo tra Swedenborg e gli spiriti non è umana, terrena. È quasi un passaggio diretto del pensiero, e non vi è possibilità di inganno o incomprensione.

Mentre gli spiriti conversano tra di loro in un linguaggio universale... Ogni uomo, subito dopo la morte, adotta quel linguaggio universale... che è proprio del suo spirito...

Il discorso di un angelo o di uno spirito con l'uomo lo si ode come il discorso dell'uomo con l'uomo; non lo odono altri che siano vicini, soltanto l'uomo; la ragione è che le parole di un an-

[1] L'autore ha tratto i brani di Swedenborg dall'opera antologica da lui citata nella bibliografia. [*N.d.T.*]

gelo o di uno spirito fluiscono direttamente nel pensiero dell'uomo...

La persona appena morta non comprende di essere morta perché è ancora in un « corpo » che per molti aspetti assomiglia al suo corpo fisico.

La prima condizione dell'uomo dopo la morte è simile alla sua condizione nel mondo, perché allora allo stesso modo egli è in circostanze esterne... Per questo egli non sa altro se non che è ancora nel mondo... Per questo, dopo essersi stupiti di avere un corpo e di possedere tutti i sensi che possedevano nel mondo... provano il desiderio di conoscere che cosa sia il paradiso e che cosa l'inferno.

Tuttavia, la condizione spirituale è meno limitata. La percezione, il pensiero e la memoria sono più perfetti e il tempo e lo spazio non pongono più gli ostacoli che ponevano nella vita fisica.

Tutte le facoltà degli spiriti... sono più perfette, le loro sensazioni come i loro pensieri e le loro percezioni.

Il morente incontra a volte spiriti di trapassati che aveva conosciuto in vita; questi devono aiutarlo nel suo passaggio all'aldilà.

Lo spirito di un uomo di recente trapassato viene... riconosciuto dai suoi amici e da quelli che aveva conosciuto in vita... per questo vengono istruiti dai loro amici sulla condizione della vita eterna...

Può accadere che la sua vita trascorsa gli venga mostrata in una visione. Ne ricorda ogni particolare e non può mentire né nascondere nulla.

La memoria interiore... è tale che vi sono impresse tutte le singole cose... che l'uomo in ogni momento della sua vita ha pensato, detto, compiuto... dalla primissima infanzia fino alla più tarda età. L'uomo ha con sé il ricordo di tutte queste cose quando giunge in un'altra vita e viene posto di fronte a esse... Tutto quanto ha detto e fatto... viene reso manifesto di fronte agli angeli, in una luce chiara come il giorno... e... nulla è tanto celato nel mondo che non venga manifestato dopo la morte... come se venisse raffigurato in un'immagine, quando lo spirito è esaminato nella luce del paradiso.

Swedenborg descrive anche la « luce del Signore » che permea di sé l'aldilà, una luce di ineffabile lucentezza che egli stesso ha scorto: una luce di verità e di comprensione.

Dunque, negli scritti di Swedenborg come nella Bibbia, nelle opere di Platone e nel *Libro tibetano dei morti,* troviamo sorprendenti paralleli con le esperienze contemporanee di pre-morte. Si pone il problema se tale parallelismo sia davvero sorprendente. Alcuni potrebbero sostenere che gli autori delle diverse opere possono essersi reciprocamente influenzati. L'affermazione è forse sostenibile in alcuni casi, non in altri. Platone ammette di aver tratto parte delle sue teorie dal misticismo orientale; potrebbe quindi aver subito l'influsso della stessa tradizione a cui si deve il *Libro tibetano dei morti.* Le idee della filosofia greca, a loro volta, influenzarono alcuni degli autori del Nuovo Testamento e si potrebbe quindi sostenere che le parole di San Paolo sul corpo spirituale abbiano la loro origine in Platone.

D'altro canto, in moltissimi casi non è facile stabilire se vi sia stata influenza reciproca. Ogni scrittore sembra sottolineare alcuni particolari, che compaiono anche nei resoconti contemporanei, ma che egli non può aver tratto da altri autori. Swedenborg aveva letto la Bibbia e conosceva Platone. Ma egli dichiara spesso che un uomo appena morto può non comprendere subito di essere morto; e questa osservazione, che ritorna nel racconto di quanti hanno conosciuto un'esperienza di pre-morte, non sembra trovarsi nella Bibbia o in Platone; mentre viene sottolineata nel *Libro tibetano dei morti* che Swedenborg non poteva aver letto: il libro non è stato tradotto prima del 1927.

È allora possibile che le esperienze da me studiate siano state influenzate da opere come quelle di cui ho appena parlato? Le persone da me conosciute avevano letto tutte, in maggiore o minor misura, la Bibbia, e due o tre sapevano qualcosa delle idee di Platone. D'altro canto nessuna era al corrente dell'esistenza di opere esoteriche come gli scritti di Swedenborg e il *Libro tibetano dei morti.* Eppure, molti particolari che non compaiono nella Bibbia né in Platone appaiono costantemente nei resoconti che ho raccolto, particolari che corrispondono a fenomeni e eventi ricordati nelle fonti meno consuete.

Va riconosciuto che l'esistenza di somiglianze e analogie tra gli scritti di antichi pensatori e i resoconti di moderni americani resta un fatto sorprendente e, allo stato attuale delle cose, non pienamente spiegabile. Come è possibile, ci si chiede, che la saggezza dei tibetani, la teologia e le visioni di San Paolo, le strane intuizioni e i miti di Platone e le rivelazioni spirituali di Swedenborg siano in perfetta armonia tra di loro e con i resoconti di contemporanei che sono andati vicino alla morte più di ogni altro essere vivente?

IV
Domande

A questo punto il lettore si troverà di fronte a molti dubbi e obiezioni.

Nel corso degli anni nei quali ho tenuto conferenze pubbliche o private sull'argomento mi sono state rivolte molte domande e nella gran maggioranza dei casi si trattava delle stesse domande: mi è stato dunque possibile compilare una lista di quelle che mi vengono rivolte più di frequente e in questo capitolo e nel successivo le affronterò una a una.

« Ma non le inventa tutte queste cose? »

No. Intendo affrontare una carriera di professore di psichiatria e filosofia della medicina, e il tentativo di mettere in piedi una tale truffa difficilmente mi sarebbe di aiuto.

Ho inoltre appreso per esperienza che chiunque svolge ricerche accurate, fra gli amici, i conoscenti, i parenti, sul verificarsi delle esperienze di pre-morte vede presto svanire i suoi dubbi.

« Non crede di essere poco realistico? In fondo, sono davvero comuni esperienze di questo tipo? »

Io per primo ammetto di non essere in grado, data la natura necessariamente limitata dei casi da me citati, di fornire una stima numerica statisticamente significativa sull'incidenza del fenomeno. Tuttavia sono disposto ad affermare che la frequenza di queste esperienze è assai più vasta di quanto possa supporre chi non le abbia studiate. Ho tenuto molte conferenze sull'argomento, di fronte a gruppi, associazioni, di vario genere e varia consistenza numerica, e non è mai accaduto che qualcuno non venisse da me, al termine della conferenza, per narrarmi una sua storia o addirittura non la narrasse in pubblico. Naturalmente si può obiettare (e a ragione!) che chi abbia conosciuto un'esperienza del genere è tra gli ascoltatori più probabili di una conferenza sull'argomento. Ma in molti casi la persona in questione non era venuta alla conferenza a causa dell'argomento: di recente mi sono rivolto a un gruppo di trenta persone. Due di loro, che avevano conosciuto un'esperienza di pre-morte, erano venute soltanto perché appartenevano al gruppo. Né l'una né l'altra conosceva, prima di venire, l'argomento della mia conferenza.

« Se le esperienze di pre-morte sono comuni come lei afferma, perché il fatto in se stesso non è più noto? »

Le ragioni sembrano essere molte. La prima, e la principale, è a mio parere il fatto che la nostra epoca è scarsamente disposta a parlare della sopravvivenza alla morte fisica. Viviamo in un periodo in cui la scienza e la tecnologia hanno fatto giganteschi passi avanti nella comprensione e nella conquista della natura. Il concetto della vita oltre la morte appare superato a molti convinti forse che l'idea appartenga al passato « superstizioso » più che al presente « scientifico ». Per questo, chi ha conosciuto esperienze che esulano dal campo della scienza rischia il ridicolo. Consapevoli della cosa, individui che hanno avuto esperienze trascendenti sono in genere restii a parlarne. Ritengo che molto rimanga sepolto nella mente di chi ha vissuto esperienze di questo tipo ma, nel timore di venir considerato « bizzarro » o « troppo fantasioso », non ne ha mai parlato se non a uno o due parenti o amici strettissimi.

Inoltre, la diffusa ignoranza delle esperienze di premorte sembra scaturire in parte da un fenomeno psicologico assai comune. Molto di quanto ogni giorno sentiamo e vediamo non viene registrato a livello conscio, ma se la nostra attenzione viene sollecitata da qualcosa con particolare vigore, da quel momento in poi ce ne accorgiamo. Molti hanno provato l'esperienza di imparare il significato di una parola nuova e di scorgerla poi in tutto quanto leggono nei giorni successivi. Il fenomeno non si spiega quasi mai con il fatto che quella parola è appena entrata a far parte del linguaggio e viene dunque usata ovunque. Piuttosto, la parola è sempre stata nelle nostre letture, ma poiché non ne conoscevamo il significato la mente vi scivolava sopra senza rendersene conto.

Analogamente, al termine di una mia conferenza aprii la discussione e un dottore rivolse la prima domanda: « Mi sono occupato di medicina per molto tempo. Se queste esperienze sono comuni come lei afferma, perché non ne ho mai sentito parlare? ». Convinto che sarebbe stato presente qualcuno a conoscenza di uno o due casi, rimandai la domanda al pubblico: « Qualcuno qui sa di casi del genere? ». La moglie del dottore alzò la mano e riferì la storia di una sua carissima amica.

Ed ecco un altro esempio: un medico di mia conoscenza venne a sapere delle esperienze di pre-morte leggendo un vecchio articolo su una mia conferenza. Il giorno successivo un suo paziente, senza che egli glielo chiedesse, gli parlò di un'esperienza simile. Il medico riuscì ad appurare che il paziente non poteva aver sentito dei miei studi. Al contrario, aveva confidato la sua storia soltanto perché era sconvolto e in certo modo allarmato da quanto gli era accaduto e intendeva chiedere un parere medico. È possibile che in entrambi i casi i due dottori avessero già sentito di casi del genere, ma li avessero considerati bizzarrie individuali e non un fenomeno assai diffuso, e non vi avessero quindi prestato attenzione.

Vi è infine un altro fattore che può aiutare a spiegare perché tanti medici ignorino apparentemente le esperienze di pre-morte, mentre sarebbe logico attendersi che siano proprio loro a venirne più spesso a conoscenza. Durante gli studi di medicina si ripete sempre che il medico deve diffidare di quanto il paziente gli dice. Il futuro medico impara a prendere in esame attentamente i « segni » obiettivi e a considerare cum granu salis le affermazioni soggettive (« sintomi ») fornitegli dal paziente. È un comportamento ragionevole, perché affrontare elementi oggettivi presenta minori difficoltà, ma ha anche come conseguenza di tenere nascoste le esperienze di pre-morte poiché pochissimi medici usano chiedere ai pazienti che hanno rianimato dalla morte clinica che cosa abbiano provato e sentito.

« Ha notato differenze, per quanto riguarda questo fenomeno, tra uomini e donne? »

Sembra non esservi alcuna differenza nella natura delle esperienze narrate. Uomini e donne mi hanno descritto i vari elementi dell'esperienza di pre-morte, e nessun elemento sembra avere maggiore o minor peso nelle esperienze maschili rispetto a quelle femminili.

Tuttavia esistono altre differenze. Gli uomini sono in genere molto più restii a parlare. Sono assai più numerosi i maschi che dopo avermi fornito un brevissimo resoconto della loro esperienza non hanno risposto alle lettere o alle telefonate con le quali io sollecitavo un successivo incontro per approfondire la narrazione. Sono molto più frequenti nei maschi osservazioni come: « Ho cercato di dimenticare tutto, di fare come se non mi fosse successo », osservazioni che esprimono timore del ridicolo o la sensazione che le emozioni conosciute siano troppo intense per poter essere narrate.

Non sono in grado di spiegare il motivo di questa diversità di atteggiamento, ma sembra che io non sia il solo ad averla notata. Un noto studioso di questi argomenti, il dottor Russell Moores, mi ha detto di averla osservata anche lui. Rispetto alle donne soltanto un terzo degli uomini gli ha riferito le sue esperienze.

È inoltre interessante notare che queste esperienze avvengono più spesso di quanto ci si aspetti durante una gravidanza. Anche in questo caso non so spiegarne il perché. Forse, è semplicemente perché la gravidanza in se stessa presenta molti rischi ed è connessa a potenziali complicazioni mediche. Inoltre, poiché le donne sono meno restie degli uomini a parlare delle esperienze di pre-morte, questo può aiutare a spiegare la frequenza del fenomeno durante la gravidanza.

« Come fa a sapere che tutte queste persone non le raccontano delle storie? »

È facile, per chi non abbia ascoltato e osservato di persona, accarezzare l'ipotesi che si tratti soltanto di menzogne. Quanto a me, mi trovo in una posizione quasi unica. Ho visto adulti maturi, equilibrati, crollare e piangere mentre mi narravano eventi che avevano avuto luogo a volte trent'anni prima. Ho sentito nella loro voce sincerità, calore, e un'intensità di sentimento che è impossibile rendere in una narrazione scritta. Per me, in un modo che sventuratamente pochi altri possono condividere, l'idea che quei racconti siano inventati è assolutamente impensabile.

Ma, ad avvalorare la mia opinione, esistono considerazioni importanti. Prima fra tutte, la difficoltà di spiegare la somiglianza dei racconti. Come è possibile che tanta gente sia venuta a riferirmi la stessa bugia nel corso di otto anni? La complicità resta un'ipotesi teoricamente possibile. È teoricamente possibile che una garbata signora della North Carolina, uno studente di medicina del New Jersey, un veterinario della Georgia e molti altri si siano accordati anni fa per farsi raffinatamente gioco di me. È teoricamente possibile, ma a me sembra assai poco probabile!

« Quand'anche la gente non le racconti apertamente delle menzogne, potrebbe ingannarla in modo più sottile. Non è possibile che, col passare degli anni, abbia rielaborato la propria storia? »

La domanda si riferisce a un fenomeno psicologico ben noto: qualcuno comincia con un racconto assai semplice di un'esperienza o di un avvenimento, e col passare del tempo trasforma l'elementare racconto in una storia complessa. A ogni nuova narrazione aggiunge un particolare a cui finisce a volte per credere, e alla fine la storia è stata tanto arricchita da non avere più alcuna – o scarsissima – somiglianza con l'originale.

Personalmente non credo che questo sia accaduto in modo rilevante nei casi da me studiati. Prima di tutto, il racconto di persone intervistate a breve distanza dalla loro esperienza – a volte mentre erano ancora convalescenti in ospedale – è analogo a quello di persone la cui esperienza ha avuto luogo anni e anni prima. Inoltre, in alcuni casi erano state prese note scritte poco dopo il verificarsi del fenomeno, e le note corrispondono a narrazioni fatte a memoria dopo alcuni anni. Vi è poi da dire che spessissimo io sono stato la prima o la seconda persona a cui l'esperienza è stata narrata, e con molta riluttanza, anche quando aveva avuto luogo anni prima. Benché in questi casi non vi sia stata dunque possibilità – o una possibilità limitatissima – di rielaborazione, pure quelle descrizioni non differiscono da narrazioni ripetute più spesso nel corso degli anni. Infine, è possibile che in molti casi sia accaduto esattamente il contrario. Quello che gli psichiatri chiamano « rimozione », il meccanismo mentale grazie al quale si compie uno sforzo per controllare ricordi, impulsi, pensieri non desiderati, o per ricacciarli nell'inconscio. Spesso ho avvertito la presenza di un meccanismo di rimozione. Una donna, riferendomi una sua complessa esperienza, aggiunse: « Sento che c'è dell'altro, ma non riesco a ricordarlo. Ho cercato di sopprimerlo perché la gente non mi avrebbe comunque creduto ». E un uomo mi ha parlato di quanto gli fosse difficile affrontare sul piano emotivo la sua esperienza: « Anche adesso, quando cerco di raccontarla mi sento soffocare... So che ci sono molte cose che non ricordo. Ho cercato di dimenticare ».

Sembra dunque si possa affermare che la rielaborazione non ha avuto una parte rilevante nell'origine di queste storie.

« Quanti hanno conosciuto queste esperienze professavano tutti in precedenza una fede religiosa? Se è così, la loro esperienza non è modellata sulla loro fede o la loro educazione religiosa? »

In una certa misura, sì. Come ho già detto, se la descrizione dell'essere di luce non varia, varia la sua identificazione, varia apparentemente seguendo la religione di chi narra. Nel corso delle mie ricerche, però, non ho mai sentito parlare di un paradiso o di un inferno simili a quelli che ci vengono comunemente descritti. Anzi, molti hanno sottolineato la differenza tra l'esperienza conosciuta e quello che si aspettavano di trovare in base agli insegnamenti religiosi [1] ricevuti;

1 Come il lettore potrà constatare da questo e da altri punti del libro gli insegnamenti religiosi di cui si parla si riferiscono in genere a una religione di

come è nel caso di questa testimonianza: « Ho sempre sentito dire che quando si muore si vedono il paradiso e l'inferno. Ma io non ho visto né l'uno né l'altro », o di questa: « La cosa strana è che mi avevano sempre detto quando mi insegnavano religione che al momento della morte ci si trovava subito davanti alle porte, ai cancelli del paradiso. E io ero là, che aleggiavo intorno al mio corpo fisico, ed era quella la morte! Ero stupefatta ».

Inoltre, le esperienze narrate da chi non aveva fede o educazione religiosa non sembrano differire da quelle di chi possedeva una forte fede religiosa. In alcuni casi, persone che erano state allevate secondo una fede religiosa e l'avevano in seguito rifiutata, acquistano un nuovo e più profondo sentimento religioso. Altri dicono che, pur avendo letto testi come la Bibbia, non avevano mai capito bene alcune delle cose lette prima dell'esperienza di pre-morte.

« Le esperienze che lei ha studiato hanno un rapporto, e se sì quale, con la possibilità della reincarnazione? »

Nessuno dei casi da me studiati sembra indicativo del fatto che esista una reincarnazione. Ma nessuno dei casi neppure la esclude. Se la reincarnazione ha luogo, sembra probabile che tra la separazione dal vecchio corpo e il rientro in uno nuovo vi sia un interludio in un altro regno.

Parlare con chi è tornato alla vita dopo aver conosciuto la pre-morte non è dunque la tecnica giusta per

maniera, oleografica, basata in apparenza su quadri e illustrazioni più che sulle Sacre Scritture. [*N.d.T.*]

studiare la reincarnazione. Sono invece stati usati e sono possibili altri metodi. Alcuni hanno provato la tecnica del « ritorno indietro ». Si ipnotizza una persona e gli si chiede di tornare mentalmente indietro verso epoche sempre più lontane della sua vita presente. Quando arriva al momento più lontano che riesce a ricordare, gli si chiede di tornare ancora più indietro! A questo punto molti prendono a narrare storie complesse di esistenze precedenti in tempi più antichi e in luoghi lontani. In alcuni casi, le loro storie sono state controllate e risultate verosimili anche quando si era stabilito che il soggetto non poteva conoscere, per vie normali, gli avvenimenti, le persone, i luoghi descritti con tanta accuratezza. Il caso di Bridey Murphy è il più famoso, ma ve ne sono altri meno noti e tuttavia più sorprendenti e meglio documentati. I lettori che desiderino approfondire l'argomento possono consultare un'opera eccellente, *Twenty Cases Suggestive of Reincarnation* (« Venti casi che suggeriscono l'ipotesi della reincarnazione ») di Jan Stevenson. È inoltre opportuno notare che *Il libro tibetano dei morti* afferma che la reincarnazione avviene in una fase più avanzata della morte, dopo gli eventi riferiti nei casi da me esaminati.

« Ha studiato casi di individui appartenenti ad altre culture? »

No. Uno dei motivi che mi induce a definire non « scientifico » il mio studio è proprio che il gruppo di individui da me ascoltati non costituisce un campionario umano. Mi interesserebbe molto conoscere le esperienze di pre-morte di esquimesi, indiani Kwakiutl, navajo, watussi, eccetera. Ma, a causa di limitazioni geografiche e di altra natura, non mi è stato possibile individuarne.

« Ci sono esempi storici di fenomeni di pre-morte? »

A quanto ne so, non ve ne sono. Tuttavia, sono stato troppo impegnato con gli esempi contemporanei per compiere ricerche in questo campo. Non mi sorprenderebbe apprendere che si sono conosciuti in passato casi del genere. D'altro canto, ritengo che le esperienze di pre-morte siano molto più numerose nell'ultimo trentennio circa per il semplice motivo che tecniche avanzate di rianimazione si sono sviluppate solo in epoca recente. Molti, di quanti sono stati restituiti alla vita nel nostro tempo, non avrebbero potuto esserlo in epoche più antiche.

« Ha studiato le cartelle cliniche dei soggetti da lei intervistati? »

Per quanto mi è stato possibile, sì. E le cartelle cliniche hanno costituito una conferma. Ma, nei casi nei quali per il passare del tempo e/o la morte del medico che ha compiuto la rianimazione non esistono testimonianze scritte, la narrazione non si è rivelata diversa da quelle per le quali è stato possibile un controllo. In molti casi, quando non erano rintracciabili le cartelle cliniche, mi sono assicurato la testimonianza di terze persone – amici, dottori o parenti – per accertare che si fosse davvero verificato un caso di morte clinica.

« Ho sentito dire che dopo cinque minuti è impossibile

riportare alla vita. Ma lei afferma che in alcuni casi i suoi soggetti sono "morti" per venti minuti. Come è possibile? »

In gran parte, i dati di questo tipo vanno considerati come una media e non come valori assoluti. I cinque minuti di cui spesso si sente parlare rappresentano appunto una media. È una regola non scritta ma generalmente seguita non tentare una rianimazione dopo cinque minuti perché, nella maggioranza dei casi, il cervello ha subito gravissime lesioni a causa della mancanza di ossigeno. Ma poiché si tratta di una media è logico attendersi che molti casi non la rispettino. Personalmente mi sono imbattuto in pazienti rianimati dopo venti minuti senza che vi fossero apparenti lesioni al cervello.

« *Le persone di cui lei parla erano veramente morte?* »

Una delle cause che rendono problematica la risposta a questa domanda è legata al fatto che si tratta in parte di un problema semantico: quale sia il significato della parola « morte ». Come appare dalla recente accesa controversia sul trapianto di organi, il concetto di « morte » non è affatto preciso o universalmente condiviso. I criteri in base ai quali si definisce la morte variano non soltanto dai non medici ai medici ma anche da medico a medico e da un ospedale all'altro. E poiché la risposta è strettamente legata a quello che si intende per « morte », sarà utile esaminare tre definizioni e commentarle.

1. La « morte » come assenza di segni vitali clinicamente riscontrabili.

Alcuni sono pronti a dire che una persona è « morta » quando il suo cuore non batte più e il respiro cessa per un certo periodo di tempo, quando la pressione sanguigna è tanto bassa da non poter venir registrata, quando le pupille si dilatano, la temperatura continua ad abbassarsi, eccetera. Si tratta della definizione clinica accettata per secoli. La gran maggioranza delle persone dichiarate morte lo fu proprio in base a tali criteri.

È innegabile che questi fenomeni si sono verificati in molti casi da me studiati. Tanto le testimonianze dei medici quanto le cartelle cliniche provano che la « morte », in questo senso, aveva effettivamente avuto luogo.

2. La « morte » come assenza di attività cerebrale.

Il progresso tecnologico ha condotto allo sviluppo di tecniche più sensibili per l'individuazione dei processi biologici, anche di quelli che altrimenti non potrebbero venir registrati. L'elettroencefalografo è un apparecchio che amplifica e registra i fenomeni elettrici del cervello. Di recente, si tende a dichiarare che una « vera » morte ha luogo quando cessa ogni attività elettrica del cervello, quando il tracciato dell'elettroencefalogramma (eeg) è completamente « piatto ».

Ora, in tutti i casi di rianimazione da me studiati, si è verificata una gravissima emergenza clinica. Non c'era tempo per un elettroencefalogramma: i medici erano giustamente preoccupati di fare tutto il possibile per riportare alla vita il paziente. Per questo, si potrebbe obiettare che nessuna delle persone delle quali io parlo può essere dichiarata « morta ».

Supponiamo tuttavia per un istante che in una larga percentuale dei casi vi siano stati elettroencefalogrammi « piatti ». Un fatto del genere sarebbe qui di particolare importanza? Ritengo di no, e per tre ragioni.

Primo: i tentativi di rianimazione si praticano sempre in casi di emergenza che durano al massimo mezz'ora. Preparare un elettroencefalografo è complicato e richiede la presenza di tecnici e anche un tecnico assai esperto può dover lavorare a lungo per ottenere un elettroencefalogramma esatto, e questo nelle condizioni ottimali. In un caso di emergenza, con l'inevitabile confusione che lo accompagna, la possibilità di errori aumenterebbe. Quand'anche si potesse esibire un elettroencefalogramma piatto per una persona che ha narrato un'esperienza di pre-morte, si potrebbe ugualmente dire, e a buon diritto, che l'elettroencefalogramma può non essere esatto.

Secondo: anche un elettroencefalografo funzionante alla perfezione non ci permette di stabilire con sicurezza assoluta se, in un determinato caso, la rianimazione sia possibile. Si sono avuti eeg piatti nel caso di persone che sono in seguito tornate alla vita: dosi eccessive di medicamenti che deprimono il sistema nervoso centrale o una bassissima temperatura corporea hanno avuto queste conseguenze.

Terzo: quand'anche fossi in grado di fornire un esempio nel quale l'elettroencefalografo non ha sbagliato, resterebbe un problema. Qualcuno potrebbe obiettare che non esistono prove che l'esperienza di pre-morte ha avuto luogo nel momento in cui l'eeg era piatto e non prima o dopo. Ritengo quindi che in questa fase delle nostre ricerche l'eeg non sarebbe di grande rilievo.

3. La « morte » come perdita irreversibile delle funzioni vitali.

Altri ricorrono a una definizione ancora più restrittiva: non si può dichiarare « morta » una persona, per quanto a lungo vi sia stata assenza di segni vitali clinicamente percepibili e per quanto a lungo il suo eeg sia rimasto piatto, se la persona in seguito è stata rianimata. In altre parole la « morte » è lo stato dal quale il corpo non può tornare alla vita. Come è ovvio, in base a questo criterio nessuno dei casi da me esaminati avrebbe valore perché in tutti si è avuta una successiva rianimazione.

La risposta alla domanda dipende dunque dal significato che si dà alla parola « morte ». Bisogna ricordare che, anche se si tratta in gran parte di un problema semantico, è tuttavia un problema di notevole importanza perché le tre definizioni comportano tutte importanti punti di vista. Personalmente, mi sento vicino alla terza definizione, la più restrittiva. Anche nei casi nei quali il cuore ha cessato di battere per un periodo di tempo piuttosto lungo, i tessuti del corpo, in particolare il cervello, devono in qualche modo aver ricevuto ossigeno e nutrimento per gran parte del tempo. Non è per questo necessario supporre che sia stata violata alcuna legge biologica o fisiologica. Perché la rianimazione fosse possibile, una certa residua attività biologica deve essere continuata nelle cellule del corpo, anche se i segni esteriori non erano percepibili dagli strumenti usati. Sembra tuttavia impossibile, allo stato attuale delle cose, stabilire dove si situa il punto dal quale non è possibile ritornare alla vita. Forse varia da individuo a individuo e non è un punto fisso. Poche decine di anni fa, le persone con le quali ho parlato non avrebbero potuto venir riportate alla vita. In futuro, potranno esservi tecniche che permetteranno di rianimare persone che oggi non è possibile riportare alla vita.

Ipotizziamo dunque che la morte sia la separazione della mente dal corpo e che la mente, al momento della morte, emigri in altre dimensioni dell'essere. Da questo si deve concludere che esiste un meccanismo in base al quale la mente, al momento della morte, viene liberata dal corpo. Ma non è possibile dare per scontato che il meccanismo operi in armonia con quello che ai giorni nostri, forse arbitrariamente, abbiamo definito il punto dal quale non è possibile tornare. Né dobbiamo assumere che esso operi sempre in modo perfetto, così come non dobbiamo assumere che alcun sistema corporeo operi sempre in modo perfetto.

Il meccanismo può talvolta entrare in gioco prima del verificarsi di una crisi fisiologica, concedendo a poche persone un rapido sguardo ad altre realtà. Questo aiuterebbe a spiegare l'esperienza di quanti hanno rivisto la loro vita, sono usciti dal corpo, eccetera, quando erano convinti di essere in punto di morte ma non avevano subito lesioni fisiche.

Quanto in sostanza io intendo affermare è questo: indipendentemente dalla definizione di morte irreversibile – nel passato, nel presente o nel futuro – le persone con le quali ho parlato sono state vicine alla morte molto più di quanto accada alla maggioranza dell'umanità.

Per questo, e per questo soltanto, io sono disposto ad ascoltare quello che hanno da dirmi.

In ultima analisi è futile, nel contesto di questa discussione, cavillare sulla esatta definizione di « morte » – irreversibile o no. Chi solleva obiezioni di questo tipo alle esperienze di pre-morte sembra riferirsi in realtà a un problema più basilare: finché esiste la possibilità di una residua attività biologica, questa può aver causato, e può spiegare, l'esperienza.

Ora, ho già ammesso che una residua attività biologica doveva esserci in tutti i casi. Quindi la domanda se ci sia stata « vera » morte si riduce in sostanza al problema di base: se la residua attività biologica possa spiegare le esperienze narrate. In altre parole:

« Non sono possibili spiegazioni diverse (diverse dalla sopravvivenza alla morte fisica)? »

La risposta a questa domanda è l'argomento del capitolo successivo.

V
Spiegazioni

Sono naturalmente possibili spiegazioni alternative dei fenomeni di pre-morte. Da un punto di vista puramente filosofico possono venir costruite infinite ipotesi per spiegare ogni esperienza, osservazione o fatto. Si può andare avanti all'infinito a fabbricare spiegazioni teoricamente possibili per qualsiasi cosa si desideri spiegare. Per le esperienze di pre-morte le cose non cambiano: si presentano possibili spiegazioni di ogni genere.

Tra le molte che potrebbero venir proposte, alcune sono state suggerite con una certa frequenza dal pubblico al quale mi sono rivolto. Mi occuperò ora di queste e di un'altra che, benché non mi sia mai stata proposta, avrebbe potuto esserlo. Arbitrariamente, ho diviso le varie spiegazioni in tre gruppi: Soprannaturali, Naturali (Scientifiche) e Psicologiche.

Spiegazioni soprannaturali

Raramente, qualcuno del pubblico ha proposto l'operato di Satana come spiegazione dei fenomeni di pre-morte, affermando che quelle esperienze erano senza dubbio provocate da forze avverse. In risposta posso dire soltanto questo. Credo che il modo migliore per stabilire se un'esperienza è voluta da Dio o da Satana sia vedere che cosa fa o dice in seguito la persona che ha conosciuto l'esperienza. Dio, immagino, opererebbe affinché quelli ai quali appare siano pieni di amore e di capacità di perdono. Satana direbbe presumibilmente ai suoi seguaci di odiare e distruggere. Le persone con le quali ho parlato sono tornate dalla loro esperienza con un rinnovato impegno a seguire la prima strada e a rinnegare la seconda. Alla luce di tutte le macchinazioni che un ipotetico demonio avrebbe dovuto architettare per ingannare la sua sventurata vittima (e a quale scopo?), egli ha certo miseramente fallito l'obiettivo di procacciarsi persuasivi emissari per il suo programma!

Spiegazioni naturali (scientifiche)

1 LA SPIEGAZIONE FARMACOLOGICA

Alcuni avanzano l'ipotesi che le esperienze di pre-morte siano dovute alle droghe terapeutiche somministrate ai pazienti al momento della crisi. L'apparente plausibilità di questa ipotesi è legata a più di una causa. È universalmente ammesso che alcune droghe possono provocare esperienze e stati mentali allucinatori. In secondo luogo, attraversiamo un periodo in cui vi è un accresciuto interesse per il problema della droga e l'opinione pubblica è vivamente interessata all'uso illecito di droghe come l'LSD, la marijuana eccetera. Infine, anche molte droghe somministrate per uso terapeutico possono produrre effetti mentali non dissimili dall'esperienza della morte. Un anestetico come la chetamina può avere effetti collaterali simili per alcuni aspetti al fenomeno dell'abbandono del corpo. Il paziente che lo ha assunto in alcuni casi non avverte più, non soltanto il dolore, ma tutto quanto lo circonda. Si sente « dissociato » dall'ambiente circostante, incluse le varie parti del suo corpo. Per un certo tempo dopo la cessazione dell'effetto anestetico, può continuare ad avere turbe psicologiche, quali allucinazioni e sogni tanto vividi da sembrare realtà. (Va notato che alcune persone hanno usato il termine « dissociazione » per definire la loro sensazione quando erano fuori dal corpo.)

Non soltanto: ho raccolto io stesso testimonianze di persone che, mentre erano sotto l'effetto di un anestetico, hanno avuto esperienze nelle quali scorgevano chiaramente visioni di morte di tipo allucinatorio:

È successo verso i tredici, quattordici anni; ero dal dentista per un'otturazione e mi hanno anestetizzata. La cosa mi preoccupava perché temevo di non risvegliarmi. Come l'anestetico cominciò a funzionare mi parve di girare in una spirale. Non come se io girassi in tondo, ma come se la poltrona del dentista si muovesse a spirale verso l'alto e salisse, salisse, salisse.

Tutto era luminosissimo e candido e quando giunsi al vertice della spirale scesero gli angeli a prendermi per condurmi in cielo; uso il plurale perché tutto è molto vago ma sono certa che ce ne fosse più d'uno. Però non posso dire quanti.

A un certo punto il dentista e l'infermiera parlavano fra di loro di un'altra persona e io li sentivo ma appena finivano una frase non riuscivo a ricordare quale ne fosse stato l'inizio. Sapevo però che parlavano e le loro parole riecheggiavano intorno. L'eco sembrava rimbalzare sempre più oltre, come nelle montagne. Ricordo che mi pareva di ascoltarli dall'alto, perché mi sentivo in alto, verso il cielo.

È tutto quanto ricordo, e poi che non avevo avuto timori all'idea di morire. In quel periodo avevo paura di andare all'inferno, ma quando quello mi accadde mi sentii certa di andare in paradiso. Più tardi mi sorpresi constatando che il pensiero della morte non mi aveva turbato, ma infine ho compreso che sotto l'effetto dell'anestetico niente mi turbava. Tutto mi sembrava felice, ne sono certa, perché il gas mi rendeva spensierata. Lo attribuii a questo. Era una cosa tanto vaga. Poi non ci pensai più.

Vi sono alcuni punti di contatto tra questa esperienza e i fenomeni di pre-morte: la luce bianca e luminosa, l'incontro con spiriti venuti per condurre la morente all'altra sponda, l'assenza di preoccupazione all'idea della morte. Altri due aspetti fanno pensare a un'esperienza di abbandono del corpo: l'impressione di sentire la voce del dentista e dell'infermiera stando sopra di loro e la sensazione di volare, fluttuare.

Ma, d'altro canto, altri particolari della storia sono assolutamente atipici nei confronti delle esperienze di pre-morte considerate reali. La luce non viene identificata in un essere personale e non si parla di un senso ineffabile di pace e felicità. La descrizione del mondo di là è più legata alla lettera, e in armonia, dice la signora, con la sua educazione religiosa. Gli esseri che incontra sono definiti angeli, e si parla di andare in paradiso, un paradiso situato in alto. La donna nega di avere visto il proprio corpo o di essersi sentita in un corpo di altro genere, e avverte chiaramente che la poltrona del dentista, e non un suo movimento personale, era la sorgente del moto rotatorio. Per finire, ricorda quanto sia stata vaga la sua esperienza che non ha avuto apparentemente alcun influsso sulla sua fede in un'altra vita. (Al contrario, ora esprime dubbi sulla sopravvivenza oltre la morte.)

Nel confrontare le narrazioni nelle quali il fenomeno viene chiaramente attribuito all'effetto di una droga e quelle nelle quali l'esperienza di pre-morte è considerata reale, è necessario sottolineare alcuni punti. Innanzi tutto le poche persone che mi hanno descritto esperienze attribuite alla droga non sono né più né meno romantiche, fantasiose, intelligenti o equilibrate delle persone che parlano di « vere » esperienze di pre-morte. In secondo luogo le esperienze dovute alla droga appaiono estremamente vaghe. Infine, le storie variano tra loro e variano sensibilmente anche dalle esperienze « vere ». L'esempio che ho riportato ora è, volutamente, quello che più assomiglia alle esperienze « vere ». In conclusione, esistono fra l'uno e l'altro tipo di fenomeno differenze notevolissime.

Vi sono poi altri elementi contro la spiegazione farmacologica. Primo fra tutti, in molti casi non è stata somministrata alcuna medicina. Molti insistono sul fatto che la loro esperienza ha avuto luogo prima della somministrazione di medicine di qualsiasi tipo, in alcuni casi prima di qualsiasi trattamento medico. E quando poi vi è stata somministrazione di medicine, queste variano profondamente da un caso all'altro. Vanno dall'aspirina agli antibiotici all'adrenalina agli anestetici locali e totali, e molte non hanno alcun effetto sul sistema nervoso centrale né hanno conseguenze psichiche. Va inoltre sottolineato che non esistono differenze sostanziali tra le esperienze conosciute da chi non ha assunto medicine e quelle provate da chi ne ha assunto. Infine, osserverò senza alcun commento che una donna « morta » due volte a distanza di anni attribuì l'assenza di esperienze, la prima volta, proprio al fatto di essere sotto anestesia. La seconda volta, senza aver assunto alcuna medicina, conobbe un'esperienza assai complessa.

Uno dei concetti della moderna farmacologia medica, accettato a quanto sembra anche da moltissimi non medici, è che i medicamenti psicoattivi *provocano* i fatti psichici ai quali sono associati. Questi sono dunque considerati « irreali », « allucinatori », « visionari », « esistenti soltanto nella mente ». Bisogna ricordare tuttavia che tale opinione non è universalmente accettata e che ne esiste anche un'altra sul rapporto tra la droga e le esperienze conosciute sotto l'effetto della droga. Mi riferisco all'uso delle sostanze che noi definiamo allucinogene come mezzo di iniziazione e di conoscenza. Nel corso dei secoli gli uomini si sono spesso serviti degli allucinogeni per raggiungere nuovi livelli di consapevolezza e nuove dimensioni della realtà. (Una viva e affascinante esposizione di questo aspetto dell'uso della droga è contenuta nel libro di Andrew Weil, *The Natural Mind*, « La mente allo stato naturale ».) Quindi, l'uso della droga è stato associato nella storia non soltanto alla medicina ma anche alla religione e alla ricerca della conoscenza. Nei riti del culto peyote, praticati dagli indiani dell'Ovest degli Stati

Uniti, la pianta peyote (contenente la mescalina) viene ingerita per procurarsi visioni religiose e una più profonda conoscenza. Culti analoghi esistono in tutto il mondo e quanti li praticano hanno la convinzione che la droga costituisca un mezzo per passare ad altre dimensioni della realtà. Se si volesse considerare valido questo punto di vista, si potrebbe affermare che l'uso della droga sia una tra le tante vie verso la conoscenza e la scoperta di altri regni dell'essere. L'esperienza della morte potrebbe allora essere un'altra di queste vie, il che contribuirebbe a spiegare la somiglianza tra le esperienze indotte dalla droga e le esperienze di pre-morte.

2. SPIEGAZIONI FISIOLOGICHE

La fisiologia è il ramo della biologia che studia il comportamento delle cellule, degli organi, del corpo degli esseri viventi, e le relazioni tra le diverse funzioni. Come spiegazione fisiologica dei fenomeni di pre-morte mi è stato spesso suggerito che poiché il cervello viene privato dell'ossigeno durante la morte clinica o altre gravissime lesioni, i fenomeni da me studiati rappresentano l'estremo sforzo del cervello morente.

L'errore principale di questa ipotesi è il seguente: come appare dalle esperienze di pre-morte fin qui riportate, molte di loro avvennero prima che si verificasse una grave crisi fisiologica; in alcuni casi non vi fu nessuna lesione. Eppure, gli elementi che appaiono in presenza di lesioni gravi ricorrono anche nei casi in cui non vi sia alcuna lesione.

3. SPIEGAZIONI NEUROLOGICHE

La neurologia studia le cause, la diagnosi e la cura dei disturbi del sistema nervoso (il cervello, la colonna vertebrale e i nervi). Poiché fenomeni simili a quelli riferiti da persone vicine alla morte si manifestano anche in alcuni particolari stati nervosi, si potrebbero spiegare le esperienze di pre-morte rifacendosi a supposte turbe del sistema nervoso del morente. Osserviamo ora i paralleli neurologici di due tra i più straordinari avvenimenti delle esperienze di pre-morte: il ripercorrere gli eventi della vita passata e l'abbandono del corpo.

Nel reparto neurologico di un ospedale un paziente mi ha descritto un attacco durante il quale vedeva flashback della sua vita passata.

La prima volta stavo guardando un mio amico, all'altro capo della sala. Il lato destro del suo volto all'improvviso subì come una distorsione. E di colpo la mia mente fu come invasa da scene della mia vita passata. Le vedevo come erano accadute, a colori e in tre dimensioni. Provai un senso di nausea e mi sentii tanto sconvolto che cercai di allontanare le immagini. Da allora ho avuto spesso attacchi del genere e ho imparato a lasciarli semplicemente passare. Il paragone più efficace che possa trovare è quello degli spettacoli del nuovo anno alla televisione. Scene degli avvenimenti principali dell'anno appena trascorso passano sullo schermo e uno fa appena in tempo a vederne una che quella è già sparita. Lo stesso succede con i miei attacchi. Vedo qualcosa e penso: « Oh, sì, lo ricordo ». E cerco di tenerlo a mente, ma un'altra scena arriva prima che mi sia possibile.

Le immagini si riferiscono a cose realmente accadute. Non cambia niente. Però, quando tutto è finito, è difficile ricordare quali immagini abbia visto. A volte le immagini sono le stesse, a volte no. Come compaiono, io ricordo: « Oh, sono quelle che ho già visto », ma quando tutto è finito mi è quasi impossibile ricordare di quali immagini si trattava. Non sembrano eventi particolarmente importanti della mia vita. No, non lo sono. Sembrano cose molto banali. Non si succedono secondo un ordine, nemmeno l'ordine cronologico nel quale avvennero. Vengono così come capita.

Quando le immagini cominciano ad apparire, io continuo a vedere quello che mi accade intorno, ma lo vedo in modo più vago. Come se una metà della mia mente venisse presa interamente dalle immagini e soltanto l'altra metà si occupasse di quello che faccio. Chi mi ha visto durante un attacco dice che il tutto dura circa un minuto, ma a me sembrano secoli.

Vi è una certa somiglianza tra questi attacchi e il riepilogo della vita passata. In entrambi i casi si parla di immagini incredibilmente vivide e a tre dimensioni; immagini che si presentano indipendentemente dalla propria volontà. Il paziente di cui ho appena citato il racconto ricorda anche che le immagini si succedevano a grande velocità e sottolinea la distorsione del senso del tempo.

D'altro canto, le differenze sono fondamentali. Le immagini, diversamente da quanto accade nei casi di pre-morte, non si succedono in ordine cronologico, né appaiono contemporaneamente, in una visione unificatrice; non rappresentano eventi di particolare importanza: l'uomo ne sottolinea la banalità; non sembra dunque gli vengano sottoposte per un giudizio o con una finalità educativa. Inoltre, mentre in molti dei casi da me studiati si sottolinea che dopo il riesame della propria vita si è in grado di ricordare gli eventi passati con maggior chiarezza e maggiore abbondanza di particolari, in questo caso il paziente afferma di non poter ricordare quali fossero le immagini viste.

L'abbandono del corpo ha un parallelo neurologico nel fenomeno dell'autoscopia, che costituisce l'argomento di un ottimo articolo di N. Lukianowicz nella rivista medica « Archives of Neurology and Psychiatry ». Chi è in preda a un'allucinazione autoscopica vede un'immagine di se stesso, un « doppio » che ripete le sue espressioni e i suoi movimenti.

Benché tale fenomeno presenti analogie con l'abbandono del corpo, le differenze sono assai superiori. L'immagine autoscopica è sempre percepita come un essere vivente – a volte il paziente lo giudica più vivo e consapevole di se stesso – mentre nelle esperienze di abbandono del corpo questo viene visto come un corpo vuoto, senza vita. Chi è vittima di allucinazioni autoscopiche può « sentire » il suo doppio che gli parla, gli dà istruzioni, lo importuna... Mentre nell'abbandono del corpo questo viene scorto per intero (salvo nel caso in cui sia parzialmente coperto o nascosto), il doppio autoscopico viene visto più di frequente soltanto dal petto o dal collo in su.

A dire il vero, il doppio autoscopico appare più simile a quello che io ho chiamato il corpo spirituale; benché a volte venga visto a colori, lo si descrive più spesso come qualcosa di incerto, trasparente, privo di colori, in grado di passare attraverso le porte o altri ostacoli senza alcuna fatica.

Ecco ora la narrazione di quella che appare in tutto un'allucinazione autoscopica, di una natura particolare poiché coinvolge contemporaneamente due persone.

Una notte d'estate, verso le undici, circa due anni prima del mio matrimonio, avevo riaccompagnato a casa in macchina la mia fidanzata. Parcheggiai nella strada poco illuminata di fronte a casa sua e ci stupimmo entrambi poiché entrambi guardammo in alto nello stesso momento e vedemmo alte immagini di noi stessi, dalla vita in su, sedute fianco a fianco negli alberi di fronte a noi. Le immagini erano opache, un po' come sagome in controluce, e non vi vedevamo attraverso, ma erano repliche quasi perfette. Nessuno di noi ebbe alcuna difficoltà nel riconoscerle. Si muovevano, ma non seguendo i nostri movimenti, perché noi eravamo semplicemente seduti a guardare. Facevano gesti semplici: la mia immagine prese un libro e mostrò qualcosa all'immagine della mia futura moglie, e lei si chinò per guardare meglio il libro...

Eravamo seduti là e io narravo la scena – dicevo alla mia fidanzata che cosa vedevo fare alle immagini – e quello che le dicevo era esattamente quello che lei aveva visto. Poi cambiavamo. Lei mi diceva che cosa vedeva, ed era esattamente quello che vedevo io.

Sedemmo là a lungo – almeno trenta minuti – a guardare e a parlarne. Credo che avremmo potuto continuare per tutta la notte. La mia fidanzata doveva rientrare, così infine salimmo le scale che portavano lungo la collina a casa sua. Quando tornai vidi di nuovo le immagini e le vidi ancora quando mi allontanai in macchina.

Non poteva trattarsi di una specie di riflesso nel parabrezza, perché la capote era abbassata e noi guardavamo al di sopra del parabrezza per vedere bene. Né io né lei bevevamo, e non beviamo adesso, e la cosa accadde tre anni prima che sentissimo anche soltanto parlare di LSD o droghe del genere. Non eravamo stanchi, anche se era tardi, quindi non eravamo addormentati e non stavamo sognando. Eravamo sveglissimi, attenti, stupiti, mentre guardavamo le immagini e ne parlavamo tra di noi.

Le analogie tra le allucinazioni autoscopiche e le esperienze di abbandono del corpo sono evidenti. Ma quand'anche volessimo sottolineare le analogie e trascurare le differenze, l'esistenza di allucinazioni autoscopiche non spiegherebbe i fenomeni di abbandono del corpo: per il semplice motivo che non esiste una spiegazione neppure per le allucinazioni autoscopiche. Neurologi e psichiatri hanno offerto molte spiegazioni contraddittorie, ma queste vengono ancora discusse e non vi è alcuna teoria universalmente accettata. Spiegare i fenomeni di abbandono del corpo definendoli allucinazioni autoscopiche equivarrebbe a cambiare soltanto il nome del problema.

Vi è infine un altro punto da sottolineare prima di chiudere la discussione sulle spiegazioni neurologiche. In un solo caso ho incontrato un soggetto affetto da disturbi neurologici conseguenti a un'esperienza di pre-morte: la paralisi parziale di un piccolo gruppo di muscoli su un lato del corpo. Ho chiesto spesso se fossero apparsi disturbi di natura neurologica dopo un'esperienza di pre-morte, ma questo è il solo caso di cui sia venuto a conoscenza.

Spiegazioni psicologiche

La psicologia non ha ancora raggiunto il rigore e la precisione ottenuti da altre scienze. Gli psicologi sono ancora divisi in scuole opposte con punti di vista, metodi di ricerca, interpretazioni dell'esistenza e la natura della mente in conflitto tra loro. Le spiegazioni psicologiche dei fenomeni di pre-morte variano quindi profondamente da una scuola di pensiero all'altra. Invece di analizzare ogni spiegazione psicologica che potrebbe venir proposta, mi atterrò ad alcune che ho udito con maggior frequenza e a una che mi ha colpito poiché è quella che, in un certo senso, mi tenta maggiormente.

A due spiegazioni psicologiche frequentemente suggerite (il soggetto mente consapevolmente o rielabora inconsapevolmente) ho già accennato. Parlerò ora di altre due.

1. STUDI SUGLI EFFETTI DELL'ISOLAMENTO

In tutte le mie conferenze nessuno ha mai tentato di spiegare i fenomeni di pre-morte rifacendosi ai risultati degli studi sugli effetti della solitudine. Eppure, proprio in questo campo relativamente recente della scienza del comportamento, sono stati studiati e ricreati in laboratorio fenomeni assai simili alle fasi dell'esperienza di pre-morte.

Mi riferisco alle ricerche che studiano quanto accade nella mente e nel corpo di una persona in stato di isolamento: perché allontanata dai contatti con altri esseri umani o perché sottoposta a un compito monotono e ripetitivo per lungo tempo.

Dati su situazioni di questo tipo sono stati raccolti in molti modi. I racconti di esploratori polari solitari o di naufraghi sono una notevole fonte di informazione, ma negli ultimi anni alcuni hanno cercato di studiare il fenomeno ricreandolo in laboratorio. Una tecnica molto nota consiste nel tenere un volontario sospeso in un contenitore d'acqua alla temperatura del suo corpo, il che riduce al minimo le sensazioni del peso e della temperatura. Il volontario viene bendato e gli vengono tappate le orecchie per rendere più intenso l'effetto del contenitore buio, insonorizzato. Le braccia gli vengono poi immobilizzate in tubi, perché non possa muoverle: egli viene così privato di molte normali sensazioni cinetiche.

In questa, e in altre condizioni di isolamento, alcune persone hanno conosciuto insoliti fenomeni psicologici, molti dei quali assai simili ai fenomeni di pre-morte. Una donna, che trascorse molto tempo sola al Polo Nord, ricorda una visione panoramica della sua vita passata. Sopravvissuti a un naufragio rimasti soli in una scialuppa per molte settimane hanno descritto allucinazioni nelle quali venivano salvati, a volte da esseri paranormali come fantasmi o spiriti. Altri fenomeni analoghi sono: la distorsione del senso del tempo, il sentirsi in parte separati dal corpo, il rifiuto del ritorno alla civiltà o dell'abbandono dell'isolamento, il senso di « comunione » con l'universo. Molti poi, vittime di un naufragio o vissuti per altri motivi in condizioni di isolamento, affermano che dopo poche settimane ritornano alla civiltà con un profondo mutamento di valori. Alcuni parlano di una maggiore sicurezza interiore. Senza alcun dubbio, questo ritorno alla propria personalità è simile a quello di molti che sono stati richiamati alla vita.

Analogamente, alcune condizioni che accompagnano la morte sono assai simili a elementi presenti negli studi compiuti sull'effetto dell'isolamento. I pazienti che sfiorano la morte spesso sono isolati e immobili nella sala di rianimazione dell'ospedale, in un ambiente in cui i suoni e le luci sono attenuati al massimo, e senza visitatori. Ci si potrebbe chiedere se i mutamenti fisiologici connessi con la morte fisica non producano un isolamento di tipo radicale che provoca la cessazione degli stimoli ricevuti dal cervello. Molti pazienti che hanno conosciuto esperienze di pre-morte parlano dell'angoscioso senso di isolamento, di solitudine, e di separazione da ogni contatto umano che li coglie al momento dell'abbandono del corpo.

Si potrebbero senza dubbio trovare casi non classificabili con chiarezza né come esperienze di pre-morte né come fenomeni dovuti all'isolamento. Ecco in proposito una testimonianza:

> Ero gravissimo in ospedale e mentre giacevo nel mio letto continuavo a vedere immagini, come su uno schermo televisivo. Immagini di persone: vedevo una persona, distante da me nello spazio, che mi si avvicinava, poi mi superava e subito ne compariva un'altra. Sapevo benissimo di essere nella stanza d'ospedale e di essere malato, ma cominciai a chiedermi che cosa accadesse. Alcune di queste persone le conoscevo personalmente – erano amici o parenti – ma le altre no. Di colpo, capii che tutte quelle che conoscevo erano già morte.

Come classificare dunque questa esperienza, che ha punti di contatto con l'esperienza di pre-morte e con le conseguenze dell'isolamento? È interessante comunque notare che durante una ricerca sugli effetti dell'isolamento un soggetto descrisse allucinazioni nelle quali vedeva spiriti di uomini famosi che gli vagavano attorno. L'esperienza appena citata va dunque ritenuta un'esperienza di pre-morte dovuta all'estrema gravità della malattia del paziente, o una conseguenza dell'isolamento dovuta alle condizioni rese necessarie dal suo stato di salute? È possibile che non vi siano criteri assoluti per classificare tutte le esperienze di questo tipo. Forse vi sono casi che resteranno sempre in bilico tra l'una e l'altra categoria.

Ma in complesso i risultati delle ricerche sugli effetti dell'isolamento non forniscono una spiegazione soddisfacente dei fenomeni di pre-morte. Innanzi tutto, neppure i fenomeni mentali riscontrati nei casi di isolamento possono venir spiegati da teorie definitive: anche in questo caso ci si limiterebbe dunque a spiegare un mistero con un altro. Vi sono due ipotesi contrastanti sulla natura delle visioni provocate dall'isolamento. Alcuni le considerano « irreali » e « allucinatorie », ma da sempre i mistici e gli sciamani hanno cercato la solitudine desertica come mezzo per giungere alla conoscenza. Il concetto che la rinascita spirituale possa venir favorita dall'isolamento è parte integrante del credo religioso di molte culture e è presente in molti testi sacri, non esclusa la Bibbia.

Benché sia questa un'idea in qualche modo estranea al pensiero della civiltà occidentale contemporanea, anche nella nostra società vi sono molti che la propugnano. Uno dei primi e più illustri studiosi delle conseguenze dell'isolamento, John Lilly, ha scritto un libro, una biografia spirituale intitolata *The Center of the Cyclone*. Dove egli dichiara chiaramente di considerare le esperienze provate durante l'isolamento come autentiche esperienze di conoscenza e non come immagini « irreali » e « illusorie ». È inoltre interessante notare che egli narra una sua esperienza di pre-morte molto simile a quelle che io ho studiato e che la pone nella stessa categoria delle esperienze conosciute durante l'isolamento.

L'isolamento, come la prossimità della morte, può dunque essere una delle molte vie che conducono a una nuova e più vera consapevolezza.

2. SOGNI E ALLUCINAZIONI

Alcuni pensano che le esperienze di pre-morte siano soltanto sogni, fantasie, allucinazioni prodotte da fattori diversi: droga, turbe cerebrali, solitudine, eccetera.

Ritengo vi siano molti elementi che contraddicono questa ipotesi. Primo fra tutti, la profonda somiglianza tra le singole esperienze, a dispetto del fatto che quanto viene narrato non è, nella gran maggioranza dei casi, quel che dovrebbe accadere ai morti secondo molte opinioni comunemente diffuse nel nostro ambiente culturale, e, al contrario, corrisponde in modo sorprendente a narrazioni contenute in testi antichissimi e esoterici ignoti alle persone da me intervistate.

In secondo luogo, è innegabile che queste non sono vittime di turbe psichiche. Mi hanno colpito come individui equilibrati, normali, attivi in società. Occupano lavori e posizioni importanti e li svolgono responsabilmente. Sono felicemente sposati e hanno rapporti normali con la famiglia e gli amici. Quasi nessuno, tra quelli con i quali ho parlato, ha avuto più di un'esperienza misteriosa nel corso della sua vita.

E, il che è ancora più importante, si tratta di individui perfettamente in grado di distinguere tra sogno e esperienze reali. Eppure parlano dei fenomeni di premorte non come di sogni, ma di eventi realmente accaduti.

Infine, per alcuni episodi di abbandono del corpo esistono testimonianze a favore. Impegni assunti nei confronti di terzi mi impediscono di fare nomi o dare particolari che possano condurre a una identificazione, ma ho sentito e visto abbastanza per dire che continuo a essere stupito e turbato. Ritengo inoltre che chiunque esamini da vicino i fenomeni di pre-morte troverà, come me, prove stupefacenti. Troverà quanto meno fatti a sufficienza per indurlo a chiedersi se le esperienze di pre-morte, ben lontane dall'essere sogni, non appartengano invece a una categoria del tutto diversa.

Per concludere vorrei sottolineare che le « spiegazioni » non sono soltanto astratti sistemi intellettuali. Sono anche, in certo modo, proiezioni dell'io delle persone che vi si attengono. La gente finisce per essere emozionalmente *sposata*, per così dire, ai canoni di spiegazione scientifica che crea o adotta.

Durante le mie conferenze ho incontrato gente che mi suggeriva le spiegazioni più diverse. Chi ha una mente orientata verso un'interpretazione della realtà fisiologica o farmacologica o neurologica vede i propri orientamenti come una fonte di spiegazioni intuitivamente ovvie, anche quando gli vengono sottoposti casi che sembrano escluderle o negarle. I fedeli di Freud identificano con gioia nell'essere di luce una proiezione del padre del soggetto, mentre gli adepti di Jung vi scorgono gli archetipi dell'inconscio collettivo, eccetera.

Pur desiderando sottolineare nuovamente che non intendo suggerire una mia spiegazione, ho voluto dare alcuni motivi che mi inducono a considerare quanto meno discutibili le spiegazioni che mi vengono proposte. Voglio suggerire semplicemente questo: lasciamo almeno aperta la possibilità che le esperienze di pre-morte rappresentino un fenomeno nuovo che può richiedere nuovi modi di spiegazione e interpretazione.

VI

Impressioni

Mentre scrivevo questo libro ero accompagnato dall'acuta consapevolezza che il mio scopo e le mie prospettive potevano venir fraintesi. In modo particolare, vorrei dire ai lettori dalla mente scientifica che sono pienamente conscio di non aver fatto opera scientifica. E ai colleghi filosofi che non mi illudo di aver *provato* l'esistenza di una vita oltre la morte. Per trattare a fondo argomenti come questi, sarebbe tuttavia necessario affrontare particolari tecnici che vanno ben oltre la natura di questo libro: mi limiterò dunque ad alcune brevi osservazioni.

In campi della conoscenza umana come la logica, la legge, la scienza, le parole « conclusione », « prova », « testimonianza » vengono usate come espressioni tecniche e dal significato più complesso e preciso di quello che hanno nel linguaggio comune. Un'occhiata a qualsiasi giornale scandalistico basterà a mostrarci come i fatti più improbabili vengano definiti « prove » di notizie improbabilissime.

Nell'ambito della logica, quello che si può o non si può dedurre da determinate premesse non è affidato all'estro del momento, ma viene definito da precise regole, convenzioni, leggi. Quando si afferma di aver trattato una determinata « conclusione », si afferma implicitamente che chiunque parta dalle stesse premesse deve arrivare alla stessa conclusione, sempre che non abbia commesso un errore di logica.

Questo spiega perché io rifiuti di trarre « conclusioni » dal mio studio e perché affermi di non voler fornire una prova dell'antica dottrina della sopravvivenza alla morte corporale. Penso tuttavia che le esperienze di pre-morte da me studiate siano assai significative, e mi propongo di trovare una via di mezzo per interpretarle – una via che né le respinga perché non rappresentano una prova logica o scientifica, né le esalti emotivamente perché « provano » l'esistenza di una vita oltre la morte.

Allo stesso tempo ritengo possibile che la nostra attuale incapacità a fornire una « prova » non rappresenti una limitazione imposta dalla natura delle esperienze di pre-morte. Ma piuttosto una limitazione dei sistemi del pensiero logico e scientifico attualmente riconosciuti. Forse il punto di vista dei filosofi e degli scienziati del futuro sarà assai diverso.

Ed eccomi dunque non con conclusioni, prove, testimonianze, ma con qualcosa di meno definito: sentimenti, domande, analogie, fatti inquietanti da spiegare. In realtà sarebbe più giusto chiedere non quali conclusioni io abbia tratto dal mio studio, ma in che modo questo abbia influito sulla mia personalità. E posso soltanto rispondere che vi è qualcosa di assai convincente nella vista di una persona che descrive la sua esperienza, qualcosa che non è agevole rendere per iscritto. Per questa gente le esperienze conosciute sono fatti reali, e ora sono diventate reali anche per me.

Si tratta, ne sono consapevole, di una considerazione psicologica e non logica. Le considerazioni psicologiche non sono oggettive. Le stesse circostanze possono influire in modo del tutto diverso su persone diverse. È una questione di carattere, di tendenza; e non voglio sottintendere che la mia reazione debba costituire una legge per il pensiero degli altri. Qualcuno potrebbe allora chiedere: « Se l'interpretazione delle esperienze di pre-morte è un fatto tanto soggettivo, a che scopo studiarle? ». In risposta, posso soltanto sottolineare l'universale interesse dell'uomo per la natura della morte. Credo che qualsiasi luce in materia sia un dato positivo.

È particolarmente necessaria a molti. Al medico che deve occuparsi delle paure e delle speranze del paziente in punto di morte e al sacerdote che deve aiutare gli altri ad affrontare la morte. Agli psicologi e agli psichiatri, poiché devono sapere, per trovare un metodo possibile e sicuro di terapia, che cosa è la mente e se essa possa esistere al di fuori del corpo. Se la mente non può esistere fuori dal corpo, la terapia deve orientarsi verso metodi fisici: medicine, elettrochoc, interventi al cervello eccetera. D'altro canto, se vi sono possibilità che la mente esista fuori dal corpo e sia una realtà a se stante, la terapia delle turbe mentali deve essere radicalmente diversa.

Ma vi sono anche, di fronte a un argomento come questo, problemi che vanno ben oltre il campo accademico o professionale. Problemi personali, poiché ciò che impariamo sulla morte può rendere assai diverso il modo in cui viviamo. Se le esperienze che io ho descritto sono reali, esse hanno una profonda influenza su quello che ognuno di noi fa della propria vita. Giacché sarebbe allora vero che ci è impossibile capire a fondo *questa* vita fino a quando non possiamo in qualche modo intravedere quello che ci attende nell'*altra.*

Postfazione

È passato circa un anno dalla fine della stesura del dattiloscritto alla sua pubblicazione. E in un anno sono venuto a conoscenza di molti altri dati. Di particolare importanza sono stati i resoconti di esperienze di pre-morte legate a tentativi di suicidio. Ritengo siano tanto significativi da meritare di venir almeno segnalati.

Le esperienze di questo tipo vengono descritte come sgradevoli: « Se al momento della morte l'anima è tormentata, lo sarà anche nel mondo di là ». Tutti, in una parola, dichiarano che le angosce alle quali avevano voluto sfuggire con il suicidio erano presenti, e in modo più tempestoso anche dopo la « morte »; nel loro nuovo stato non potevano far nulla per risolvere i propri problemi e dovevano assistere alle tristi conseguenze del loro gesto.

Un uomo, disperato per la morte di sua moglie, si tirò un colpo di pistola, ne « morì » e venne poi rianimato.

Non andai dove era [mia moglie]. Andai in un posto orribile... Vidi subito che errore avevo commesso... Pensai: « Vorrei non averlo fatto ».

Altri, che hanno conosciuto questo stato, osservano di avere avuto la sensazione che vi sarebbero rimasti a lungo. Era la loro pena per aver « violato le regole » tentando di liberarsi prematuramente di quello che in realtà è un « impegno »: adempiere a un determinato scopo nella vita.

Queste osservazioni coincidono con quanto hanno affermato molte persone « morte » per altre cause, alle quali, mentre erano « morte », è stato detto che il suicidio è un atto riprovevole severamente punito. Un uomo, « morto » in seguito a un incidente, dichiara:

> [Mentre ero là] ho avuto la sensazione che due cose mi sarebbe stato assolutamente proibito fare: uccidermi o uccidere... Se mi fossi ucciso avrei gettato in viso a Dio il suo dono... Se avessi ucciso mi sarei intromesso nelle intenzioni di Dio nei confronti della mia vittima.

Sentimenti come questi, che mi sono stati espressi in numerosi casi, sono identici a quelli della più antica condanna morale e teologica del suicidio, quella che viene ripetuta in forme diverse da autori diversi tra loro come San Tommaso d'Aquino, Locke e Kant. Il suicida, afferma Kant, si oppone agli scopi di Dio e giunge nel mondo di là come un ribelle contro il suo Creatore.

Raymond A. Moody jr.

Bibliografia

Evans-Wentz, W. Y. (a cura di), *The Tibetan Book of the Dead*, New York, Oxford University Press, 1957.

Hamilton, Edith-Cairns, Huntington (a cura di), *The Collected Dialogues of Plato*, New York, Bollingen Foundation, 1961.

Lilly, John C., *The Center of the Cyclone*, New York, The Julian Press, 1972.

Lukianowicz, N., *Autoscopic Hallucinations*, « Archives of Neurology and Psychiatry », agosto 1958.

Platone, *The Last Days of Socrates* [*Apologia di Socrate*], traduzione di Hugh Tredennick, Baltimore, Penguin Books, 1959.

Stevenson, Jan, *Twenty Cases Suggestive of Reincarnation,* Charlottesville, University Press of Virginia, 1974.

Swedenborg, Emanuel, *Compendium of the Theological and Spiritual Writings of Emanuel Swedenborg*, Boston, Crosby and Nichols, 1853.

Weil, Andrew, *The Natural Mind*, Boston, Houghton Mifflin, 1973.

Ringraziamenti

Molti mi hanno aiutato e incoraggiato durante l'opera di ricerca e durante la stesura di questo libro, e senza di loro non avrei potuto portare a compimento il mio progetto. Il caro amico John Ouzts mi ha convinto a tenere la prima conferenza sull'argomento. John Egle della Mockingbird Books mi ha incoraggiato a mettere per iscritto i risultati delle mie ricerche e mi è stato poi di costante aiuto e incoraggiamento. Leonard, Mae, Becky e Scott Brooks mi hanno spesso fornito alloggio, vitto e taxi. Kathy Tabakian mi ha accompagnato in molte interviste, e mi sono state utilissime le conversazioni avute in seguito con lei. Russ Moores, Richard Martin e Ed McCranie, del Medical College della Georgia, mi hanno fornito utili consigli e mi hanno indicato molti testi letterari. Mia moglie ha dedicato molte ore alla revisione del manoscritto e del dattiloscritto. Infine vorrei ringraziare soprattutto quanti mi hanno parlato del loro incontro con la morte. Spero soltanto che il mio libro sia degno della fiducia che tutti quanti ho qui nominato hanno riposto in me.

Indice

Nuovi Misteri

1. Roberto Pinotti
Profezie oltre il 2000

2. Swami Anand Videha
La sapienza del silenzio

3. Renucio Boscolo
Nostradamus, l'enigma risolto

4. Raymond A. Moody jr. - Paul Perry
Ricordi di altre vite

5. Jean Baptiste Delacour
Di ritorno dall'aldilà

6. Roberto Pinotti
I continenti perduti

7. Roberto Pinotti
Angeli, Dei, Astronavi

8. Raymond A. Moody jr.
Nuove ipotesi sulla vita oltre la vita

9. Roberto Pinotti
Ufo: scacchiere Italia

10. Giuliana Gagliardi
Dizionario degli esseri fantastici

11. Cecilia Gatto Trocchi
Il Risorgimento esoterico

12. Michel Mirabail
Dizionario dell'esoterismo

13. Raymond Moody – Paul Perry
Ricongiungersi

42687
1998